TUPO FUWU PINGJING

突破服务瓶颈

一本书读懂外贸综合服务

YI BEN SHU DUDONG WAIMAO ZONGHE FUWU

熊　斌　　杨　勇
胡　忠　　李孔杰　著

◉ 全方位揭秘外贸综合服务业态

◉ 精选实际筹划企业运营案例

◉ 助中小微进出口企业降本增效

中国海关出版社有限公司
中国·北京

图书在版编目（CIP）数据

突破服务瓶颈：一本书读懂外贸综合服务/熊斌等著．—北京：中国海关出版社有限公司，2019.7

ISBN 978-7-5175-0361-3

Ⅰ.①突…　Ⅱ.①熊…　Ⅲ.①外贸企业—商业服务—研究—中国　Ⅳ.①F279.24

中国版本图书馆 CIP 数据核字（2019）第 089539 号

突破服务瓶颈：一本书读懂外贸综合服务

TUPO FUWU PINGJING：YI BEN SHU DUDONG WAIMAO ZONGHE FUWU

作　　者：熊　斌　杨　勇　胡　忠　李孔杰

责任编辑：黄华莉　刘白雪

出版发行：中国海关出版社有限公司

社　　址：北京市朝阳区东四环南路甲 1 号　　邮政编码：100023

网　　址：www.hgcbs.com.cn

编 辑 部：01065194242-7531（电话）　　01065194231（传真）

发 行 部：01065194221/27/38/46（电话）　　01065194233（传真）

社办书店：01065195616（电话）　　01065195127（传真）

http://www.customskb.com/book（网址）

印　　刷：三河市人民印务有限公司　　经　　销：新华书店

开　　本：710mm×1000mm　1/16

印　　张：16.5　　字　　数：230 千字

版　　次：2019 年 7 月第 1 版

印　　次：2019 年 7 月第 1 次印刷

书　　号：ISBN　978-7-5175-0361-3

定　　价：56.00 元

前　言

改革开放四十年来，中国对外贸易取得的巨大成就，与国际贸易服务业态的发展变化和强力支撑息息相关、紧密相连。

未来的国际贸易环境将进一步呈现多元化、个性化特征，互联网、数字技术将持续赋能国际贸易领域，促进传统贸易向数字贸易转型，引领全球商业革命。国际贸易在业态模式、实现方式和交易体验等方面均发生着根本性的变化。

价值观的多元化、技术应用的场景化与普及化、层出不穷的创造与创新，必将对国际贸易服务提出更高、更新的要求，同时也将不断催生国际贸易服务新业态的涌现，促进多种业态的组合应用和融合发展。

2013 年国务院提出促进外贸增长的六项举措以来，外贸综合服务企业在全国各地纷纷涌现，外贸综合服务的平台化、电商化趋势愈益明显。外贸综合服务平台借助多样化服务手段为中小企业提供高效率、低成本的一站式进出口服务。不少外贸综合服务企业取得了辉煌的业绩，并促进了外贸发展方式的巨大变化。外贸综合服务企业如何运营？外贸综合服务企业如何控制风险？外贸综合服务平台如何构建？这一系列问题影响着很多地方政府和企业的相关决策。

本书主要从外贸综合服务的相关政策和认定标准、外贸综合服务企业的通关服务模式、退税融资服务模式、金融服务模式、风险控制流程以及平台信息化系统等方面，揭秘外贸综合服务企业运营的基本态势，展现外贸综合服务的产品模式和运营模式。外贸综合服务作为国际贸易服务新业态，服务产品繁多，流程纷繁复杂，对企业的运营管理提出了诸多挑战。本书通过深圳市天地纵横企业管理顾问有限公司对各地外贸综合服务企业的调研数据分析，以及外贸综合服务企业的实际筹划、运营案例设计，为读者剖析外贸综合服务的方方面面。

在本书的编写过程中，得到众多相关政府机构人员、行业专家的支持和深圳市天地纵横企业管理顾问有限公司团队的鼎力协助，在此深表谢意。

由于不同区域的政策倾斜力度不同、外贸综合服务企业定位不同、企业风险偏好不同，所以外贸综合服务具体流程或产品设计时所需要关注的细节颇有不同，因篇幅所限，本书内容难以全面兼顾。同时，尚有不少的内容略显粗陋，望读者不吝指正。欢迎读者就本书内容进一步交流探讨，笔者邮箱：daneilxiong@ mbase. org. cn。

笔者

2019 年 5 月

目　录

1

外贸综合服务，如何界定？

1.1 外贸综合服务的产生及相关政策

1.1.1 外贸综合服务的产生

2013 年 7 月 24 日，国务院常务会议指出，当前中国经贸环境复杂严峻，进出口增速均明显放缓。要通过制度创新，提高贸易便利化水平，增强企业竞争力。会议就此提出制定便利通关办法、支持外贸综合服务企业等六项举措。

这六项举措实际上是相关部门或机构深入一线调研，认真听取外贸出口行业的诉求，对当时存在的制约外贸出口发展的因素充分分析后作出的决定，非常具有针对性。这六项举措首次提出外贸综合服务的概念，其中第四条所述“支持外贸综合服务企业为中小民营企业出口提供融资、通关、退税等服务”定义了一个全新的行业——外贸综合服务行业。这是外贸综合服务行业发展的里程碑，意味着这一行业首次被国家最高行政机关认可并鼓励发展。

外贸综合服务企业是指具备对外贸易经营者身份，接受国内外客户委托，依法签订综合服务合同（协议），依托综合服务信息平台，代为办理包括报关报检、物流、退税、结算、信保等在内的综合服务业务和协助办理融资业务的企业。①

在 2013 年国务院提出促进外贸增长的六项举措之后，外贸

---

① 2017 年 9 月 25 日，商务部、海关总署、税务总局、质检总局、外汇局《关于促进外贸综合服务企业健康发展有关工作的通知》（商贸函〔2017〕759 号）对“外贸综合服务企业”进行了定义。

综合服务企业（本书以下简称“综服企业”）在全国各地纷纷涌现，外贸综合服务的平台化、电商化趋势愈益明显。外贸综合服务平台借助多样化的电商手段为中小企业提供高效率、低成本的一站式进出口服务。这种态势不仅呈现于发达地区或城市，许多内陆城市的企业也纷纷关注或者进行转型建设。

外贸综合服务平台的出现，是我国外贸业务模式的创新。通过为中小企业提供进出口环节的相关服务，降低了中小外贸企业的成本，壮大了外贸企业主体，对促进我国外贸转型升级具有积极意义。图 1-1 为外贸综合服务平台示意图。

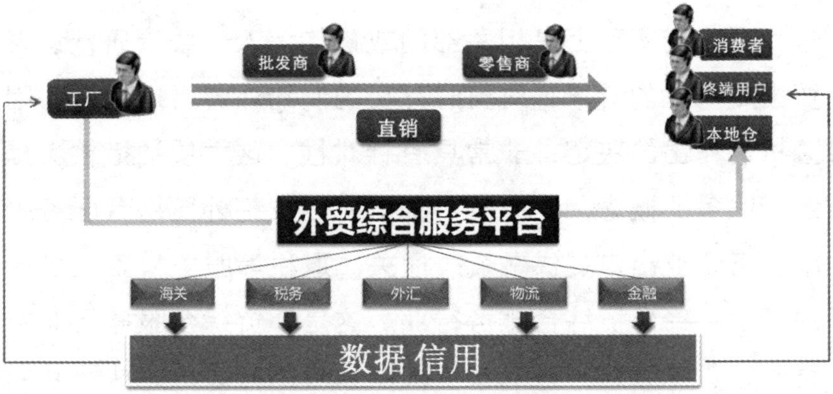

图 1-1　外贸综合服务平台示意图

支持外贸综合服务平台建设的政策出台，与近年来中国经济进入“新常态”、GDP 增速逐年放缓、外贸增长乏力有关。

表 1-1 为国内部分地区的综服企业列表。

表 1-1　国内部分地区的综服企业列表

公司名称	网址	备注
中建材国际贸易有限公司	http://www.icnbm.com	中建材国际贸易有限公司是中国建材集团物流贸易板块的重要成员企业。公司于 2011 年推出全新的、服务于全球用户的电子商务平台——易单网。易单网以满足全球用户的快捷需要为目标，整合国内外资源及分布在全球的物流园体系，向国内外客户提供 24 小时、全程式、一站式采购服务。其是 2016 年国务院确定的 4 家全国外综服试点企业之一。
宁波世贸通国际贸易有限公司	http://www.shimaotong.com/index.html	宁波世贸通国际贸易有限公司既是宁波海田控股集团（宁波市外贸前三强企业，全国外贸百强企业）旗下的一家新型的以 B2B 电子商务模式为依托的高科技外贸服务企业，又是宁波交易团重点扶持的宁波唯一一家在线平台服务企业，为中小外贸企业提供信息、物流、通关、金融等一体化全程化及透明化的专业服务。其是 2016 年国务院确定的 4 家全国外综服试点企业之一。
厦门嘉晟供应链股份有限公司	http://www.xmjsjt.com	嘉晟集团下属企业。公司以服务外贸企业为核心，为其提供信息、数据、金融、通关、物流、退税、外汇等所有外贸交易所需的服务，建设政府、大企业与中小企业之间的服务生态体系。其是 2016 年国务院确定的 4 家全国外综服试点企业之一。

表1-1 续1

公司名称	网址	备注
深圳市一达通企业服务有限公司	http：//onetouch. alibaba. com	既是阿里巴巴旗下外贸综合服务平台，也是我国专业服务于中小微企业的外贸综合服务行业的开拓者和领军者。
无锡世贸通供应链服务有限公司	http：//www. easiertrade. com	江苏无锡地区首家外贸综合服务企业，被列为江苏省外贸综合服务体系建设试点单位。
航天长城贸易有限公司	http：//www. china - astall. com. cn/index. aspx	航天长城贸易有限公司成立于1997年，隶属于中国航天科技集团公司所属的中国长城工业集团有限公司，是中国航天科技集团公司的三级子公司，注册资本金17000万元人民币。其是2017年北京市认定的首批6家外综服示范企业之一。
北京尚易通企业管理服务有限公司	http：//www. shiontouch. com	注册资本3000万元人民币，是北京市外贸综合服务示范企业之一，旨在通过互联网一站式地为中小外贸企业提供物流、通关、收汇、退税、金融、财税咨询等出口环节的所有服务。
广州市卓志供应链服务有限公司	http：//www. topzhi. com. cn	全程外贸供应链综合服务提供商。卓志供应链被选为广州国家级跨境贸易电子商务服务试点城市的重要试点企业。

表1-1 续2

公司名称	网址	备注
江西省金控外贸股份有限公司	http：//www. onedoing. com. cn	江西省金控外贸股份有限公司成立于2015年4月，注册资本2亿元，是一家由国有企业（江西省政府直管的江西省金融控股集团有限公司、南昌市国资委直属的南昌物资集团公司）和民营企业共同参股的混合所有制企业，属江西省认定的首批省级外贸综合服务平台企业。
江苏华贸通进出口服务有限公司	http：//www. huamaotouch. com	江苏华贸通进出口服务有限公司由常州大华进出口（集团）有限公司全额投资组建而成，是常州首家外贸综合服务企业。

1.1.2 外贸综合服务的相关政策

在上述外贸稳增长六项举措实施之后，外贸综合服务行业迅猛发展，相关配套优惠措施和扶持政策相继出台。

1.1.2.1 国务院及国办对综服企业的原则性支持政策

截至2017年底，国务院及国办层面发布了一系列支持外贸综合服务企业发展的文件，具体措施需要“关、税、检、汇”等行业监管部门予以落实。

表1-2为国务院及国办出台的支持综服企业发展的文件一览表。

表 1-2　国务院及国办出台的支持综服企业发展的文件一览表

国家政策	政策要点
《国务院办公厅关于促进进出口稳增长、调结构的若干意见》 （国办发〔2013〕83 号） 2013 年 7 月 26 日	第九条：“充分发挥外贸综合服务企业的作用，为中小民营企业出口提供通关、融资、退税等服务，抓紧研究促进外贸综合服务企业发展的支持政策。” 该文件的所有内容实际上是国办对外贸六项举措的细化，有关支持外贸综合服务企业发展的表述基本与外贸六项举措一致，只是增加了布置任务的语句即“抓紧研究……支持政策”。
《国务院办公厅关于支持外贸稳定增长的若干意见》 （国办发〔2014〕19 号） 2014 年 5 月 4 日	第十三条：“支持外贸综合服务企业发展，为小微企业出口提供专业化服务。” 该文件出台的背景是当年外贸进出口形势严峻，完成国务院既定的增长任务难度非常大，需要出台支持政策以提升“士气”，破除发展壁垒障碍。虽然该文件中支持外贸综合服务企业发展也是原则性的提法，但布置了相关管理部门（主要是商务部、海关总署、税务总局、质检总局、外汇局）予以落实该项任务。
《国务院关于加快培育外贸竞争新优势的若干意见》 （国发〔2015〕9 号） 2015 年 2 月 12 日	第四条第五款：“加快培育新型贸易方式……培育一批外贸综合服务企业，加强其通关、物流、退税、金融、保险等综合服务能力。” 该文件提出将培育外贸综合服务企业、提升其综合服务能力作为加快培育新型贸易方式的一条措施。
《国务院关于改进口岸工作支持外贸发展的若干意见》 （国发〔2015〕16 号） 2015 年 4 月 1 日	第七条：“支持新型贸易业态和平台发展……进一步完善相关政策，创新监管方式，扩大市场采购贸易试点范围，推动外贸综合服务企业加快发展，支持扩大外贸出口。” 该文件将外贸综合服务企业、市场采购贸易和跨境电子商务出口作为“新型贸易业态和平台”，明确予以支持。

表1-2 续

国家政策	政策要点
《国务院办公厅关于促进跨境电子商务健康快速发展的指导意见》 （国办发〔2015〕46号） 2015年6月16日	第八条："建设综合服务体系……鼓励外贸综合服务企业为跨境电子商务企业提供通关、物流、仓储、融资等全方位服务。" 该文件将外贸综合服务企业作为发展跨境电子商务的配套服务渠道提出，首次提出外贸综合服务与跨境电子商务的有机融合。
《国务院办公厅关于促进进出口稳定增长的若干意见》 （国办发〔2015〕55号） 2015年7月22日	第四条："加快推进外贸新型商业模式发展……制订支持外贸综合服务企业发展的政策措施。2015年底前提出进一步扩大相关试点范围和推广外贸新型商业模式的方案，于2016年初开始实施。（商务部、发展改革委、财政部、海关总署、税务总局、工商总局、质检总局、外汇局负责）" 该文件明确要求相关部委或机构落实制订支持外贸综合服务企业发展的政策措施这一任务，并明确给出要求完成的时间，可以说是任务、人员、时间"三明确"。
《国务院关于促进外贸回稳向好的若干意见》 （国发〔2016〕27号） 2016年5月5日	第九条："加大对外贸新业态的支持力度……加快建立与外贸综合服务企业发展相适应的管理模式，抓紧完善外贸综合服务企业退（免）税分类管理办法。" 该文件特别提出要求对外贸综合服务企业退（免）税分类管理办法进行完善。

1.1.2.2 商务、海关、国税、外汇等管理部门或机构对综服企业的支持政策

1. 商务部等部门联合发文，出台有关开展综服企业试点工作的政策

据商务部网站2016年9月27日消息，按照国务院印发的《关于促

进外贸回稳向好的若干意见》（国发〔2016〕27号）的要求，商务部会同海关总署、税务总局、质检总局、外汇局等部门将中建材国际贸易有限公司、宁波世贸通国际贸易有限公司、厦门嘉晟供应链股份有限公司、广东汇富控股集团股份有限公司纳入综服试点企业，以探索有利于综服企业发展的管理模式。

开展综服企业试点，有利于推动监管模式创新、提高贸易便利化水平，有利于促进外贸稳增长、调结构。试点工作针对综服企业的特点，按照“稳妥推进、责权对称、风险可控”的原则，着力在创新监管方式等方面先行先试，通过制度创新、管理创新、服务创新和协同发展，逐步形成适应综服企业发展的管理模式，为推动综服企业健康发展提供可复制可推广的经验。

2017年9月25日，商务部、海关总署、税务总局、质检总局、外汇局等五部门，联合下发了《关于促进外贸综合服务企业健康发展有关工作的通知》（商贸函〔2017〕759号）（以下简称《通知》）。

《通知》首次明确了外贸综合服务企业（简称综服企业）的定义，为有关部门出台政策措施明确了对象。为解决综服企业反映集中的明确身份、分清责任等问题，五部门按照稳中求进、责权相当、风险可控的原则，坚持问题导向，创新监管模式，提出推动信息共享和联合监管、完善综服企业出口退（免）税管理办法、加强信用分类管理等措施。《通知》要求各地方有关部门，指导综服企业强化责任意识，加强风险管控，强化贸易真实性审核，鼓励综服企业积极创新服务、产品和商业模式，提高服务水平。

商务部、海关总署、税务总局、质检总局、外汇局关于促进外贸综合服务企业健康发展有关工作的通知

（商贸函〔2017〕759 号）

各省、自治区、直辖市、计划单列市及新疆生产建设兵团商务主管部门、国家税务局、外汇局，广东分署、各直属海关，各直属检验检疫局：

为深入贯彻 2016 年中央经济工作会议关于注重用新技术新业态全面改造提升传统产业的要求，落实 2017 年政府工作报告关于促进外贸综合服务企业（简称综服企业）发展的部署，促进综服企业健康规范发展，帮助企业降低成本、开拓市场，推动外贸监管模式创新，提高贸易便利化水平，巩固外贸传统优势，培育外贸竞争新优势，现就有关事项通知如下：

一、综服企业定义

近年来，我国综服企业快速发展，通过创新商业模式，运用互联网、大数据等技术，为广大企业提供对外贸易专业服务。现阶段，综服企业是指具备对外贸易经营者身份，接受国内外客户委托，依法签订综合服务合同（协议），依托综合服务信息平台，代为办理包括报关报检、物流、退税、结算、信保等在内的综合服务业务和协助办理融资业务的企业。综服企业是代理服务企业，应具备较强的进出口专业服务、互联网技术应用和大数据分析处理能力，建立较为完善的内部风险防控体系。

二、政策保障

为解决综服企业反映集中的明确身份、分清责任等问题，各部门按照稳中求进、责权相当、风险可控的原则，坚持问题导向，创新监管模式，不断完善适应综服企业发展的政策框架。

（一）商务部加强横向协作、纵向联动，推动各监管部门信息共享、执法互认和联合监管。

（二）海关总署将完善企业信用管理办法，制定更加符合综服企业特点的认证标准，支持综服企业健康发展。

（三）税务总局完善综服企业出口退（免）税管理办法，明确对综服企业开展的代理退税业务，可由综服企业代生产企业集中申报出口退税。生产企业为退税主体，承担主体责任，综服企业承担相应的连带责任。

（四）质检总局加强综服企业信用分类管理，创新支持和监管措施。

（五）外汇局对综服企业贸易外汇收支实施主体监管、总量核查和动态监测，综服企业原则上应遵循“谁出口谁收汇、谁进口谁付汇”的要求。

具体监管措施、企业分类管理标准等由各监管部门视需要另行制定发布。

三、工作要求

（一）各地方有关部门要切实加强对综服企业的政策指导、风险管控和信息服务，加强属地管理和综合监管。要因地制宜，主动施策，进一步出台支持措施，切实提高服务质量和便利化水平，为综服企业发展营造良好环境。

（二）各地方有关部门要指导综服企业强化责任意识，明确界定其与服务对象之间的权利义务关系，加强风险管控，完善内部机制，强化贸易真实性审核。要加强监管核查，指导综服企业严格守法合规，诚信经营，认真配合有关部门的监管核查工作。要鼓励综服企业积极创新服务、产品和商业模式，不断增强综合服务信息平台功能，提高服务水平。

有关部门将坚持在发展中规范、在规范中发展、稳中求进、包容审慎的原则，进一步强化横向协作、纵向联动，加强制度创新、管理创新和服务创新，进一步为综服企业发展营造良好的环境，不断探索促进综服企业发展的支持政策和管理模式。

商务部　海关总署　税务总局

质检总局　外汇局

2017 年 9 月 25 日

2. 国家税务总局出台的对综服企业出口退税的相关政策

2014 年 2 月 27 日，国家税务总局发布了《关于外贸综合服务企业出口货物退（免）税有关问题的公告》（国家税务总局公告 2014 年第 13 号，以下简称 13 号公告），自 2014 年 4 月 1 日起施行。

13 号公告的内容主要体现在以下 4 个方面：

一是明确了综服企业的概念，规定“本公告的外贸综合服务企业是指为国内中小型生产企业出口提供物流、报关、信保、融资、收汇、退税等服务的外贸企业”。

二是规定了综服企业按自营出口的规定申报出口退（免）税需符合 4 个条件：（1）出口货物为生产企业自产货物；（2）生产企业已将出口货物销售给综服企业；（3）生产企业与境外单位或个人已经签订出口合同，并约定货物由综服企业出口至境外单位或个人，货款由境外单位或个人支付给综服企业；（4）综服企业以自营方式出口。

三是明确了对综服企业作为退税主体的要求，其主要要求有：（1）综服企业应加强企业风险控制，严格审查生产企业的经营情况和生产能力，确保申报出口退（免）税货物的国内采购及出口的真实性；（2）综服企业如果发生虚开增值税扣税凭证（包括接受虚开增值税扣税凭证，善意取得的除外）、骗取出口退税等涉税违法行为的，应作为责任主体按规定接受处理。

四是明确了综服企业作为退税主体不适用的相关文件规定。

与之相关的文件规定具体有：《国家税务总局、商务部关于进一步规范外贸出口经营秩序切实加强出口货物退（免）税管理的通知》（国税发〔2006〕24号）第二条第（三）项“出口企业以自营名义出口，其出口的同一批货物既签订购货合同，又签订代理出口合同（或协议）的”，《财政部、国家税务总局关于出口货物劳务增值税和消费税政策的通知》（财税〔2012〕39号）第七条第（一）项第7目之（3）“以自营名义出口，其出口的同一批货物既签订购货合同，又签订代理出口合同（或协议）的”，也就是说，符合以上条件的业务不受俗称的“假自营真代理”业务不得退税的限制。

可以说，13号公告有条件地废除了十多年来所谓“假自营真代理”业务不能退税的规定，在外贸综合服务业务出口退税政策规定方面是一大突破。但是，13号公告在政策上也存在一些模糊规定。退税条件之一“出口货物为生产企业自产货物”，视同自产货物是否允许退税，各地的国税部门理解不一，有待国家税务总局进一步明确；作为退税主体的综服企业“应作为责任主体按规定接受处理”的规定过于笼统，有待于进一步细化。

2016年，为落实《国务院关于促进外贸回稳向好的若干意见》（国发〔2016〕27号），国家税务总局发布了两个与综服企业出口退税相关的公告。

一是2016年7月13日发布的《关于发布修订后的〈出口退（免）税企业分类管理办法〉的公告》（国家税务总局公告2016年第46号，以下简称46号公告）。

二是2016年9月19日发布的《关于进一步优化外贸综合服务企业出口货物退（免）税管理的公告》（国家税务总局公告2016年第61号，以下简称61号公告）。

46号公告修订了《出口退（免）税企业分类管理办法》，除对生产型企业和外贸企业的分类管理评定标准进行修订外，还单独对评定为一类企业的综服企业规定了 7 条标准。相对于一般外贸企业而言，规定一类综服企业上一年度的年末净资产大于上一年度该企业已办理出口退税额的 30%，其占比要求降低，这也符合平台企业的特性，对提升综服企业的分类等级、加快出口退税办理速度具有积极的意义。

61 号公告主要针对新的《出口退（免）税企业分类管理办法》出台后，对相应类别的综服企业，主管退税机关对优化服务作出了相应的规定。其主要内容包括 4 个方面：

一是对一类综服企业提供绿色办税通道（特约服务区），优先办理退税，建立重点联系制度；二是在把控风险的基础上加快退税，对 4 个类别的综服企业申报的出口退税分别作出有条件的退税时限承诺；三是对纳入商务部、海关总署、国家税务总局、质检总局和国家外汇管理局联合开展综服企业试点工作范围的 4 家综服企业与一类企业享受同等待遇，符合条件的在 5 个工作日内办结出口退（免）税手续；四是对综服企业申请开具的“代理出口货物证明”实行无纸化管理。

2017 年 9 月 13 日，国家税务总局发布了《关于调整完善外贸综合服务企业办理出口货物退（免）税有关事项的公告》（国家税务总局公告 2017 年第 35 号），其主要内容包括：

（1）明确了综服企业代办退税的条件。综服企业和生产企业出口货物均符合规定条件的，由综服企业代办退税。

（2）明确了综服企业代办退税的具体办法。一是生产企业和综服企业需各自办理出口退（免）税备案。二是生产企业应先按规定申报缴纳增值税，同时向综服企业开具代办退税专用发票，作为综服企业代办退税的凭证。三是综服企业代办退税的应退税额按代办退税专用发票上注明的金额和出口货物适用的出口退税率计算。四是综服企业主管税务机关按综服企业的出口企业管理类别审核办理代办退税，代办退税款退还至生产企业提供的代办退税账户。

（3）明确了代办退税业务异常情形的处理措施。生产企业主管税务机关和综服企业主管税务机关发现代办退税的出口业务存在异常情形或按规定暂不办理退税情形的，应按规定采取相应的措施。

（4）明确了综服企业的相关法律责任和罚则。一是代办退税的出口业务发生涉税违法违规情形的，税务机关将对综服企业进行相应的处罚。二是代办退税的出口业务如发生骗取出口退税等涉税违法行为的，生产企业应作为责任主体依法承担法律责任。

（5）明确了综服企业其他涉税问题。公告同时明确了综服企业提供服务取得收入的涉税处理问题。

（6）明确了执行时间。公告自2017年11月1日起施行，具体时间以出口报关单上注明的出口日期为准，国家税务总局公告2014年第13号同时废止。

笔者提示

《国家税务总局、商务部关于进一步规范外贸出口经营秩序切实加强出口货物退（免）税管理的通知》（国税发〔2006〕24号）、《财政部、国家税务总局关于出口货物劳务增值税消费税政策的通知》（财税〔2013〕39号）、《国家税务总局关于发布〈出口货物劳务增值税和消费税管理办法〉的公告》（国家税务总局公告2012年第24号）、《国家税务总局关于〈出口货物劳务增值税和消费税管理办法〉有关问题的公告》（国家税务总局公告2013年第12号）、《财政部、国家税务总局关于防范税收风险若干增值税政策的通知》（财税〔2013〕12号）等文件，除了13号公告明确指出的“假自营真代理”业务不得退税相关规定不适用以外，其他规定均对外贸综合服务企业具有约束力。

3. 国家外汇管理部门出台的综服企业出口收汇的相关政策

在外汇管理方面，国家外汇管理局浙江省分局依托杭州建设中国跨境电子商务综合试验区的政策优势，在报经国家外汇管理局同意后，出台了《国家外汇管理局浙江省分局关于支持中国（杭州）跨境电子商务综合试验区建设有关外汇管理问题的通知》（浙外管〔2015〕71号），通知的附件为《国家外汇管理局浙江省分局支持杭州综试区建设八项措施操作规程》和《外贸综合服务企业外汇监管制度》。

这两项制度仅在杭州综试区范围内执行，对外贸综合服务企业的支持政策主要体现在以下3点：

一是允许A类综服企业货物贸易收汇免于进入待核查账户，可直接通过货物贸易外汇结算账户办理收结汇；

二是简化A类综服企业贸易信贷报告，允许人工批量报备数据；

三是允许符合条件的委托综服企业出口的电商自行收汇。在中国（杭州）综试区先试先行“外贸综合服务企业外汇监管制度”，为全国其他地区积累可复制可推广的经验，具有积极的意义。

4. 其他相关政策

2017年6月28日，国家质检总局（2018年，国家质检总局的出入境检验检疫管理职责和队伍划入海关总署，国家质检总局不再保留）发布《质检总局办公厅关于进一步推进外贸综合服务企业健康发展的通知》（质检办通〔2017〕862号）。

质检总局办公厅关于进一步推进外贸综合服务企业健康发展的通知

（质检办通〔2017〕862号）

各直属检验检疫局：

为进一步贯彻落实《国务院关于促进外贸回稳向好的若干意见》（国发〔2016〕27号）要求，对商务部批准的外贸综合服务试点企业，在前期试点的基础上，总局就建立完善与其发展相适应的管理模式，进一步提出检验检疫支持措施。现就有关事宜通知如下：

一、提升通关便利化水平

实施全国检验检疫通关业务一体化，对符合条件的外贸综合服务企业进出口货物实施“出口直放”“进口直通”。全面推进检验检疫报检无纸化，试点实施检验检疫全流程无纸化，缩短通关时间。

二、用足用好优惠原产地政策

发挥外贸综合服务企业集聚优势，集中宣传优惠原产地政策，推动中小微企业利用优惠原产地证书切实享受国外关税优惠减免。引导外贸综合服务企业建立行业自律体系，对符合条件的给予更优惠的签证便利化措施。

三、探索建立检验监管绿色通道

对法律法规明确规定需实施注册和备案等许可管理以及强制性产品认证以外的商品，结合外贸综合服务企业需求，以风险管理为核心，探索在指定地实施“提前申报、集中监管、快速核放”全流程的检验监管模式。

四、创新新兴业务支持服务举措

支持外贸综合服务企业开展维修再制造、国际服务外包等业务模式并给予相关政策优惠措施。为外贸综合服务企业组织中小微企业参加境外各类展览会及贸易促进活动提供通关便利服务。

五、优化完善信用管理措施

完善企业信用评级标准，细化信用信息采集条目，针对外贸综合服务企业个性化需求推行“一企一策”，实施差异化管理，对企业存在的信用风险给予信用提示和行政辅导。

六、支持应对技术性贸易措施

围绕外贸综合服务企业业务需求，开展技术性贸易措施研究，利用外贸综合服务企业平台优势，为其服务的中小微企业提供国内外相关标准及合格评定服务，并及时通报 WTO/TBT、WTO/SPS 特别贸易关注信息、相应国家的技术性贸易措施通报、评议、咨询、调查及应对等精准信息，指导中小微企业有效应对技术性贸易措施。

七、进一步加强宣传与沟通

加强与当地政府及相关监管部门的沟通联系，及时通报支持外贸综合服务企业的政策措施。加大相关政策措施的宣传力度，促进外贸综合服务企业健康发展。

质检总局办公厅

2017 年 6 月 27 日

出入境检验检疫划入海关

2018年国务院机构改革方案提出，组建国家市场监督管理总局，不再保留国家工商行政管理总局、国家质量监督检验检疫总局、国家食品药品监督管理总局，将国家质量监督检验检疫总局的出入境检验检疫管理职责和队伍划入海关总署。

为了认真贯彻执行党中央、国务院下发的《深化党和国家机构改革方案》，海关总署制定了《全国通关一体化关检业务全面融合框架方案》，明确了海关、原国检申报系统及数据合并整合，目标做到5个统一：申报统一、系统统一、风控统一、指令下达统一、现场执法统一，并于2018年8月1日起实施。

1.1.2.3 地方政府出台的对综服企业试点工作的支持政策

截至2017年底，据不完全统计，全国有超过15个省级地方政府出台有关促进综服企业发展的扶持政策。

相关扶持政策均由商务部门牵头，联合属地海关、国税、外汇管理、银监局等与进出口业务相关的部门或机构发布文件，评定了一批试点外贸综合服务企业，对试点企业实施一系列扶持措施。以广东省、浙江省、内蒙古自治区和陕西省为例，具体扶持政策见表1-3：

表 1-3 广东省、浙江省、内蒙古自治区、陕西省对综服企业的扶持政策

省份	扶持政策
广东省	《关于促进外贸综合服务企业发展的实施办法》（粤商务贸字〔2014〕6号） …… （二）海关通关便利措施。对经认定的外贸综合服务试点企业，海关优先选择作为便捷通关试点，实施“属地报关、口岸验放”，提供专门服务窗口优先办理货物申报、查验、放行手续，优先安排办理加急通关手续，对进出口货物实行较低的查验率，对仅涉及通关单问题的出口货物实行分类处置、从轻处罚。 （三）出口退税便利措施。根据《国家税务总局关于外贸综合服务企业出口货物退（免）税有关问题的公告》（国家税务总局公告 2014 年第 13 号），对经认定的外贸综合服务试点企业以自营方式出口国内生产企业与境外单位或个人签约的出口货物，符合规定的可由外贸综合服务试点企业按自营出口的规定申报退（免）税。 优先办理外贸综合服务试点企业出口退（免）税，对申报单证齐全真实、对应单证的电子信息准确无误且审核无疑点的出口业务，在 20 个工作日内完成退（免）税审批手续，确保及时足额退税。 （四）检验检疫便利措施。对经认定的外贸综合服务试点企业，检验检疫部门在监管频率和抽检批次上给予便利，实施直报通放等便利化通关模式。建立以风险管理为核心、高风险项目严密监管和低风险产品快速放行的监管机制。 （五）鼓励外贸综合服务企业开拓国际市场。支持外贸综合服务试点企业组织中小微企业参加在境外开展的各类展览会及贸易促进活动，积极开拓国际市场，进一步扩大出口。

表1-3 续1

省份	扶持政策
广东省	（六）支持外贸综合服务企业建立和完善线上服务平台。支持外贸综合服务企业打造融合基础服务和金融服务的线上平台，对中小微企业出口各环节实施标准化管理，提高运行效率和贸易便利化水平。 支持现有外贸综合服务试点企业进一步完善线上服务平台，拓展增值服务内容；支持外贸综合服务企业培育对象建立线上平台，逐步由传统的线下接单向线上服务转变，扩大对中小微企业服务范围。 （七）为外贸综合服务企业提供优质融资服务。金融机构应在风险可控制、商业可持续前提下，积极加大对外贸综合服务试点企业的信贷支持力度。各地政府应加大对外贸综合服务试点企业融资、担保、贴息等方面的财政支持力度，推动金融机构积极给予外贸综合服务试点企业融资及息费优惠。 扩大出口信用保险规模和覆盖面，加大对外贸综合服务试点企业的支持力度，引导中小微企业积极利用出口信用保险扩大外贸出口。 对外贸综合服务试点企业投保出口信用保险给予资助，提高资助比例，扩大资助范围。适当下调外贸综合服务试点企业投保出口信用保险费率。
浙江省	**《浙江省重点培育外贸综合服务企业认定和管理办法》（浙商务联发〔2015〕72号）** （一）优惠扶持措施。适当下调重点培育外贸综合服务企业投保出口信用保险费率。将市县培育推进外贸综合服务企业发展的工作情况作为商务促进发展专项资金的分配因素，对工作突出的市县给予奖励，由市县统筹用于支持外贸综合服务企业发展，具体办法由省商务厅会同省财政厅另行制定。 （二）出口退税便利措施。对经认定的重点培育外贸综合服务企业，优化退税服务，每月可多次申报出口退税，优先办理退税，确保及时足额退税。及时协调解决企业在办理出口退税业务中存在的困难和问题。严格按《全国税务机关出口退（免）税管理工作规范（1.0版）》规定的要求进行函调，提高发函的针对性，避免滥发函。

表1-3 续2

省份	扶持政策
浙江省	（三）海关通关便利措施。对经认定的重点培育外贸综合服务企业，海关纳入重点企业给予重点帮扶，提供优先办理货物申报、查验、放行手续，优先安排加急通关手续，对进出口适用较低查验率，及时协调解决企业在办理海关业务过程中存在的困难和问题。支持有条件的企业设立市场采购贸易模式项下货物海关监管仓。 （四）检验检疫便利措施。对经认定的重点培育外贸综合服务企业，简化出口监管流程，降低企业核查货证比例。发挥检验检疫部门优势，强化对企业的质量帮扶，建立以风险管理为核心、高风险项目严密监管和低风险产品快速放行的监管机制。 （五）外汇管理便利措施。对经认定的重点培育外贸综合服务企业，充分给予收结汇便利，简化 A 类外贸综合服务企业外汇账户，货物贸易收入可直接结汇或入外汇结算账户，有效缩短收结汇时间，加快企业资金周转；简化贸易信贷报告流程，允许企业定期向外汇局报备，节约企业人力物力，支持外贸综合服务企业发展。 （六）强化融资服务。金融机构在风险可控制、商业可持续前提下，积极加大对重点培育外贸综合服务企业的信贷支持力度，积极给予融资及息费优惠。探索对通过外贸综合服务企业出口的企业试行信用贷款，创新出口信用保险保单融资模式，逐步建立金融机构与外贸综合服务企业专业服务和网上对接机制。 （七）加大宣传推广力度。通过境内外展会、媒体、门户网站、政策宣讲会等多种形式，宣传推介外贸综合服务企业，拓展外贸综合服务企业与中小微企业对接渠道。支持外贸综合服务企业依托义乌小商品城、海宁皮革城等内外贸结合商品市场，扩大客户服务群，为市场业户提供产品展示、客户对接、贸易实务等服务，帮助业户拓展海外销售渠道。

表1-3 续3

省份	扶持政策
内蒙古自治区	**《内蒙古自治区培育外贸综合服务企业实施办法（试行）》（内商贸字〔2016〕946号）** （一）提高外贸综合服务企业贸易便利化水平 1. 海关通关便利措施。对符合条件的外贸综合服务企业，海关将纳入重点企业给予重点帮扶，提供优先接单、优先审单、优先查验、优先办理出口、优先办理物流业务和适用较低查验率等海关便利，提供货物进出口和海关查验等预约加班服务，提供企业协调员服务，及时协调解决企业在办理海关业务过程中存在的困难问题。 2. 检验检疫便利措施。对自治区级外贸综合服务企业，检验检疫部门优先办理报检、查验和放行手续，在监管频率、抽检批次上给予便利。实行预约检验检疫服务。发挥检验检疫部门的职能优势、资源优势和技术优势，强化对外贸综合服务企业的质量帮扶，提高企业产品自检自控能力，优先推荐绿色通道企业。 3. 出口退税便利措施。对符合条件的外贸综合服务企业以自营出口方式出口国内生产企业与境外单位或个人签约的出口货物，同时具备《国家税务总局关于外贸综合服务企业出口货物退（免）税有关问题的公告》（2014年第13号）规定条件的，对应的出口退税单证和电子信息准确无误且没有审核疑点的，可由其按自营出口的规定申报退（免）税，在20个工作日内完成审核审批，确保及时足额退税。 4. 企业主体免责措施。对报关、报检、退税、结汇等环节中出现的非企业自身原因造成的差错，责任应由收发货公司承担，以减轻外贸综合服务企业降级压力。 5. 在线服务一体化便利措施。推进海关、检验检疫、国税和外汇管理等部门的信息系统建设，探索建立表单及传输协议标准，逐步实现各级各部门信息系统与外贸综合服务平台互联互通，促进通关、检验检疫、退税和结汇的便利化、在线化和一体化。

表1-3 续4

省份	扶持政策
内蒙古自治区	（二）强化外贸综合服务企业融资服务。对外贸综合服务企业设立特殊标识进行差异化管理，加强定点联系和对口服务，支持企业创新经营和管理模式。金融机构在风险可控制、商业可持续前提下，积极加大对外贸综合服务企业的信贷支持力度，积极支持试行与其业务特点相适应的融资办法，探索对通过外贸综合服务企业出口的企业试行信用贷款，逐步建立金融机构与外贸综合服务企业专业服务和网上对接机制。 （三）鼓励外贸综合服务企业用好进出口信用保险工具。加大出口信用保险支持力度，适当降低外贸综合服务企业投保出口信用保险费率。鼓励金融机构积极对外贸综合服务企业提供信用保险项下贸易融资便利。逐步建立信保机构与外贸综合服务（平台型）企业 EDI 对接，实现在线投保，简化投保流程。加强保前培训、保后服务，定期发送风险预警信息和各类信保简讯，为企业提供资信调查、信保融资、国内贸易保险、进口保险等配套服务。 （四）加大对外贸综合服务企业的各项扶持。根据相关财政政策，对外贸综合服务企业在融资贷款贴息、国际市场开拓、电子服务平台建设、出口信保、人才培训、宣传推介等方面给予扶持，同时鼓励流通性外贸企业向外贸综合服务企业转型。
陕西省	**《陕西省培育外贸综合服务（平台型）企业实施办法（试行）》（陕商发〔2016〕49号）** （一）提高外贸综合服务（平台型）企业贸易便利化水平 1. 通关便利措施。对符合条件的外贸综合服务（平台型）企业，海关、检验检疫部门将纳入重点企业给予重点帮扶，提供系统接驳、优先接单、优先审单、优先查验、优先办理出口、优先办理物流业务和适用较低查验率等通关便利，提供货物进口和海关查验、检验检疫等预约加班服务，提供企业协调员服务，及时协调解决企业在办理通关业务过程中存在的困难问题。发挥检验检疫部门的职能优势、资源优势和技术优势，强化对外贸综合服务（平台型）企业的质量帮扶，提高企业产品自检自控能力，优先推荐绿色通道企业。（西安海关、陕西出入境检验检疫局）

表1-3 续5

省份	扶持政策
陕西省	2. 出口退税便利措施。对符合条件的外贸综合服务（平台型）企业提供出口退税远程申报服务。外贸综合服务（平台型）企业以自营方式出口符合《国家税务总局关于外贸综合服务企业出口货物退（免）税有关问题的公告》（2014年第13号）规定的货物，退税管理为一类的，优先办理出口退税。对应的出口退税单证和电子信息比对无误不涉及预警风险，其提供服务的中小生产企业的纳税信用级别为A级或B级的，在5个工作日内办结退税手续。对其因出口高幅增长被列入关注企业的，企业可提前报告，税务部门提前了解，核实后按规定办理。（省国税局） （二）强化外贸综合服务（平台型）企业融资服务 对外贸综合服务（平台型）企业设立特殊标识进行差异化管理，加强定点联系和对口服务，支持企业创新经营和管理模式。金融机构在风险可控制、商业可持续前提下，积极加大对外贸综合服务（平台型）企业的信贷支持力度，积极支持试行与其业务特点相适应的融资办法，探索对通过外贸综合服务（平台型）企业出口的企业试行信用贷款，逐步建立金融机构与外贸综合服务（平台型）企业专业服务和网上对接机制。（人民银行西安分行、省商务厅） （三）鼓励外贸综合服务（平台型）企业用好进出口信用保险工具 外贸综合服务（平台型）企业投保出口信用保险享受优先支持政策，符合条件的企业可纳入信保机构重点客户分级并提供差异化服务。支持外贸综合服务（平台型）企业借助信用保险获得银行融资。逐步建立信保机构与外贸综合服务（平台型）企业EDI对接，实现在线投保，简化投保流程。加强保前培训、保后服务，定期发送风险预警信息和各类信保简讯，为企业提供资信调查、风险保障、信保融资、进口保险等配套服务。（中国出口信用保险公司陕西分公司、省商务厅） （四）加大对外贸综合服务（平台型）企业的各项扶持 省外经贸发展专项资金对外贸综合服务（平台型）企业建设电子服务平台、开拓国际市场、延伸境外服务功能等项目予以重点支持。有条件的市（区）要加大对外贸综合服务（平台型）企业的支持力度（省商务厅、省财政厅）

从表 1-3 可以看出，各地的扶持政策或措施大同小异，对促进综服企业发展起到一定的促进作用。

从以上梳理的政策文件分析情况看，国务院层面推动综服企业发展的决心很大，凡提到发展外贸，必有支持综服企业发展要求。自 2013 年 7 月 24 日国务院常务会议制定的外贸六项举措中首次提出外贸综合服务的概念以来，国务院及国办陆续出台一系列涉及综服企业的文件，商务、海关、税务、外汇管理等相关部门也相继出台一系列支持外贸综合服务发展的政策措施。

由此可见，支持综服企业发展的政策是由国务院及国办主导推动的，起到了“以上率下”的作用，而相关部门或机构则是响应落实，制定具体的政策措施。这在党的十九大以后，也得到了验证。十九大报告中提到“培育贸易新业态模式，推进贸易强国建设”之后，各地纷纷响应，出台了扶持综服企业发展的具体措施（详见本书附录 7. 3）。

1. 2　综服企业的认定标准

就综服企业的认定标准而言，由于经济发展基础和区位的差异，不同省份的认定标准存在一定的差异。

以广东省、浙江省、内蒙古自治区和陕西省为例，相关差异如表 1-4所示。

表 1-4　广东省、浙江省、内蒙古自治区和陕西省对综服企业的认定标准

省份	认定标准
广东省	**《关于促进外贸综合服务企业发展的实施办法》（粤商务贸字〔2014〕6 号）** 外贸综合服务试点企业须同时具备以下条件： 1. 在广东省内登记注册，具有外贸经营者资格； 2. 为国内中小微企业进出口至少提供通关、退税、融资、收汇、信保、物流等服务环节中的 5 项，其中通关、退税、融资为必须提供的服务； 3. 服务的中小微企业在 200 家以上； 4. 上年度进出口额在 1 亿美元以上； 5. 银行授信额度在 1 亿元人民币以上； 6. 海关评级 A 类及以上，出口退税评级 B 类及以上，检验检疫信用评级 A 级及以上； 7. 具有线上外贸综合服务平台； 8. 过去 3 年无走私、骗税、严重违反检验检疫法律法规等违法行为。
浙江省	**《浙江省重点培育外贸综合服务企业认定和管理办法》（浙商务联发〔2015〕72 号）** 外贸综合服务企业须具备以下条件： 1. 在浙江省内登记注册，具有外贸经营者资格； 2. 为国内中小微企业进出口至少提供物流、通关、信保、融资、收汇、退税等服务环节中的 5 项，其中通关、退税、收汇、信保为必须提供的服务； 3. 服务的中小微企业数量在 200 家以上； 4. 具有完善的线上外贸综合服务平台，平台近 12 个月出口额 5000 万美元以上并保持较快增长速度。

表1-4　续

省份	认定标准
内蒙古自治区	**《内蒙古自治区培育外贸综合服务企业实施办法（试行）》（内商贸字〔2016〕946号）** 外贸综合服务企业应同时具备以下条件： 1. 在内蒙古自治区单独登记注册，具有外贸经营者资格，企业注册资本300万元以上； 2. 为中小微企业进出口至少提供通关、退税、融资、收汇、信保、物流等服务环节中的4项，其中通关、退税、信保为必须提供的服务； 3. 服务的中小微企业数量在30家以上或在各类开发区、边境合作区、工业园区、综合保税区服务的企业占区域内企业80%以上； 4. 企业年度进出口额在500万美元以上； 5. 具有面向中小微企业，开放式、多环节服务功能的外贸综合服务电子平台。
陕西省	**《陕西省培育外贸综合服务（平台型）企业实施办法（试行）》（陕商发〔2016〕49号）** 外贸综合服务（平台型）企业应同时具备以下条件： 1. 在陕西省内登记注册，具有对外贸易经营者资格，企业注册资本1000万元以上，属于海关企业信用管理的高级认证企业； 2. 为国内中小微企业进出口提供通关、退税、融资、收汇、信保、物流等环节的5项服务以上，其中通关、退税为必须提供的服务； 3. 服务的中小微企业数量在30家以上； 4. 企业年度进出口额在1000万美元以上； 5. 具有线上外贸综合服务平台； 6. 过去3年无走私、骗税、严重违反检验检疫法律法规及违规使用财政资金等行为。

从表1-4可以看出，各地方政府对于综服企业的认定标准差异明显。例如，内蒙古自治区要求综服企业所服务的中小微企业数量在30家以上，且企业年度进出口额在500万美元以上；陕西省也要求综服企

业服务中小微企业数量在30家以上，但年度进出口额要求在1000万美元以上；浙江省则要求综服企业服务的中小微企业数量在200家以上，且年度出口额在5000万美元以上；广东省不仅要求综服企业服务的中小微企业数量在200家以上、年度进出口额在1亿美元以上，而且要求银行授信额度在1亿元人民币以上。

各地对综服企业的认知总体相同，对综服企业的认定和扶持措施更加贴近地方经济规模及特色。

2

外贸综合服务，如何服务？

2.1　综服企业的服务框架和分类

2.1.1　综服企业的服务框架

综服企业提供的服务包括基础服务、金融服务及增值服务等，综服企业服务框架如图 2-1 所示。

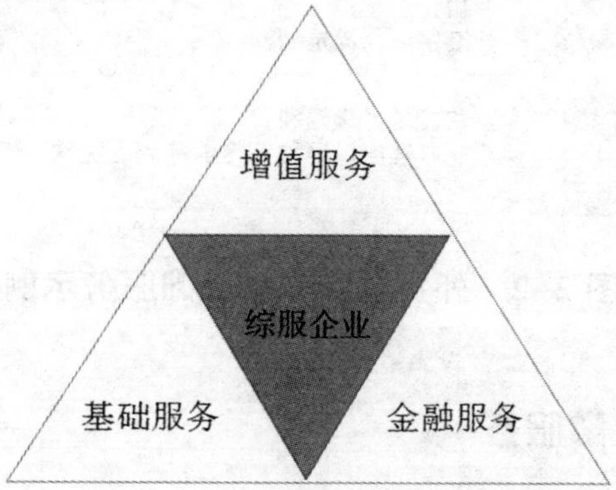

图 2-1　综服企业服务框架

2.1.1.1　基础服务

基础服务业务主要包括 4 种：物流服务、海关通关服务、外汇服务和出口退税服务。外贸综合服务基础服务示例如图 2-2 所示。

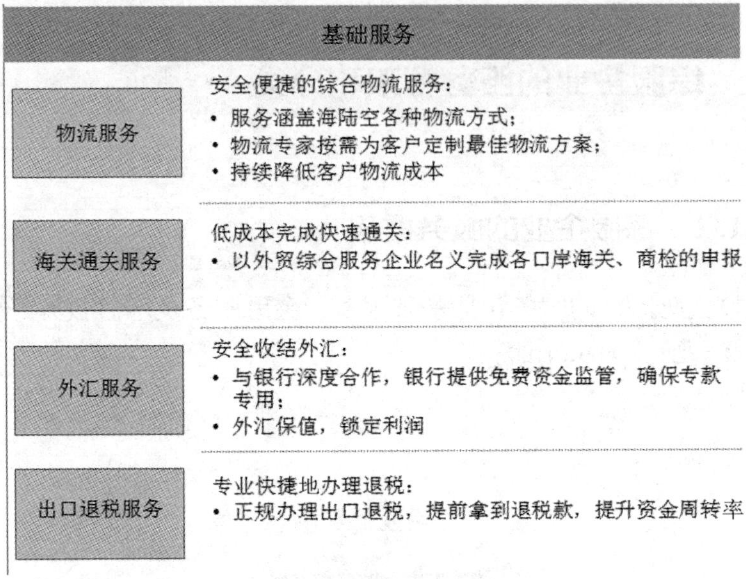

图 2-2　外贸综合服务基础服务示例

2.1.1.2　金融服务

金融服务主要指供应链金融服务，包括信用证打包贷款、押汇、订单融资、退税融资、应收账款融资、应付账款融资、存货融资、预付款融资、融资租赁等。

供应链金融是实际产业与金融行业的结合，也是“互联网+金融”供需改革的创新之一，处于资金链紧张困扰的大多数中小企业均十分需要供应链金融服务，而我国的银行系统基于控制风险的考虑，无法对中小企业提供相关的服务。因此，综服企业的出现，为推动贸易产业链中金融供应链层面的服务提供了载体。

2.1.1.3　增值服务

除以上服务之外，不少综服企业提供其他增值服务，如提供在线专家答疑、现场外贸培训以及外贸综合服务基地。外贸综合服务增值服务示例如图 2-3 所示。

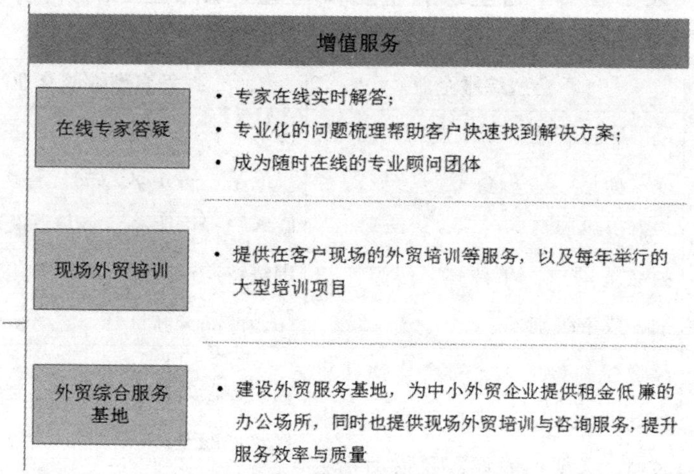

图 2-3　外贸综合服务增值服务示例

2. 1. 2　综服企业的分类

根据服务对象范畴的差异，综服企业可以分为平台型综服企业和垂直型综服企业。

平台型综服企业一般不限制某些特定行业，除了黑名单区域、企业、产品之外，基本上均涉及，典型代表是阿里巴巴一达通外贸综合服务平台。

垂直型综服企业通过构建在某一个领域或某几个关联领域有优势的在线交易平台为外贸企业提供一站式专业、快捷、低成本的通关、外汇、退税及配套的物流、金融服务，以先进的电子商务的手段为依托，降低企业的出口成本，提高企业的竞争力，帮助企业快速发展，迅速走向国际市场。目前，许多提供外贸综合服务的供应链企业属于这一类型，如九立供应链、普路通等。

两者的异同如表 2-1 所示。

表 2-1　平台型综服企业和垂直型综服企业的异同

	平台型综服企业	垂直型综服企业
客户群体	范围比较广泛，不限定特定行业，涉及面广，为跨行业跨区域的客户群提供服务。	为某一特定产业链上下游的相关联客户或某一特定区域的优势产业链相关联客户提供服务，客户群关联性强。
商品范畴	商品范围广，品种多，门类比较细，数量级别多。	围绕特定产业项下的材料以及相关产品，产品关联性强。
风险控制	风险控制难度大，对合作伙伴审查难度大，对风险控制水平要求较高，必要的时候需要借助相关技术手段实现风险控制。	风险控制难度相对较低，容易把握合作伙伴的基本风险状况，并形成良性合作的局面。
平台要求	对信息化平台接单要求高，通过信息化平台的操作实现企业快速接单、快速处理等的相关要求高。	对信息化平台接单要求较低，通过信息化平台的操作实现企业快速接单、快速处理等的相关要求较低。
客户黏性	客户稳定性差，客户流失率高。	客户相对稳定，易形成长期战略合作伙伴关系。
供应链控制难度	供应链控制难度低，对物流、报关的附加要求不强烈。	供应链控制难度高，对物流、报关等附加服务要求比较强烈。

2.2　外贸综合服务之另类服务——“补贴”烧钱模式

在综服企业兴起初期，“补贴”烧钱模式曾一度盛行。不少企业寄希望于通过提供补贴模式，拓展合作渠道，吸引更多的客户加盟，在做大平台规模的基础上，通过提供其他附加服务（如金融、物流、仓储、外汇等）赚取更高的佣金。

2014 年 5 月 13 日，时任阿里巴巴 B2B 事业群总裁吴敏芝宣布，当日起面向全国出口企业发放“外贸服务补贴”，企业通过“一达通”平台完成出口，每出口 1 美元，最高能获得 3 分钱人民币的外贸服务补贴，人工下单则是 2 分钱。

2016 年 7 月 15 日，“一达通”外贸服务补贴正式取消。

“一达通”补贴模式出现后，其他综服企业纷纷仿效。2014 年 7 月 24 日，上海首家综服企业——上海春宇供应链管理有限公司宣布，对通过春宇快贸通平台出口的中小外贸企业发放补贴，1 美元最高补贴 5 分人民币。

然而仅仅 4 个月以后，2014 年 11 月，上海春宇供应链管理有限公司资金链断裂，出现大规模裁员、供应商讨债和员工讨薪、银行冻结账户等事件。该公司于 2018 年 7 月被列入严重违法失信企业名单。

事实证明，靠“烧钱”拉客户的所谓“引流”模式并不能维持综服企业长期、稳定、健康的发展。企业的发展最终要回到企业成立时的初衷，即致力于解决出口型中小微企业的“痛点”问题，为中小微企业提供专业服务的同时，降低其运营成本。

中小微生产企业在供应链方面的成本约占整体成本的 35%，而企业无法同时配备专业的外贸、物流、税务等人员，导致其操作效率低、风险大。综服企业则不同，其不仅具备以上专业人员，还具备逻辑链完整的信息系统、规范的管理制度和标准的作业流程，能有效控制运营风险。在为中小微企业提供报关、商检、物流、退税等服务的过程中，综服企业连接了供应商、采购商、第三方服务商，相当于以“团购”的方式，通过集约化运营降低企业成本。例如，某客户从上海洋山港运出一个集装箱，通常运费为2000~2200美元/箱，且在发货高峰期，舱位无法保证。但通过综服企业，不仅有可能获得1800美元/箱的优惠运费，更重要的是在货运高峰期，可以优先订到舱位，保证了订单的有效执行及客户满意度。

2.3 外贸综合服务之金融服务

2.3.1 金融服务产品行业覆盖率和服务收费模式

笔者对国内主要综服企业提供金融服务的情况进行了充分调研，分析各主要金融服务产品在外贸综合服务行业的业务覆盖率及收费模式，得出如表2-2和图2-4的统计结果。

表2-2 金融服务产品行业覆盖率和服务收费模式

金融服务产品品种	业务覆盖率	平台企业收费
退税融资	100%	退税融资费
订单赊销融资	100%	资金使用费（按年化收益率） 保费 买单资信调查费
信用证开证	90%	开证费（按开证金额比例） 银行手续费
远期外汇套期保值	60%	银行保证金
信用证打包贷款	40%	资金使用费（按年化收益率） 保费（即期信用证免保费） 开证行资信调查费 其他第三方资信调查费

表2-2 续

金融服务产品品种	业务覆盖率	平台企业收费
信用证买断	40%	资金使用费（按年化收益率收取） 开证行资信调查费 银行通知费 改证费 议付费 快递费 电报费（催单）
保证金业务或相似第三方保函业务	20%	资金使用费
其他业务创新	10%	

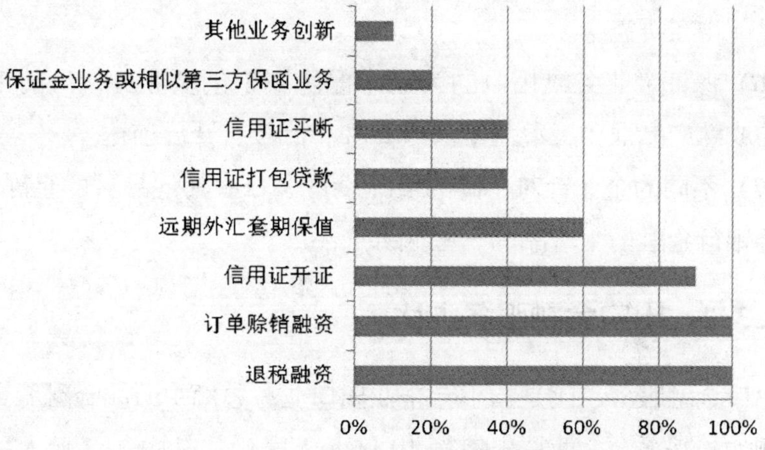

图 2-4 金融服务产品行业覆盖率

表 2-2 和图 2-4 表明：

1. 平台企业提供金融服务产品的种类与平台企业的风险控制能力有关。部分平台企业风险体系完善，则其提供的金融服务产品种类较多。

2. 从金融服务产品的业务覆盖率数据分析来看：

（1）本次调研的所有平台企业，均提供退税融资服务。

（2）订单赊销融资服务产品因为其融资风险容易转嫁、设计流程简单，深受平台企业和客户的欢迎。某些公司的订单赊销业务非常受市场欢迎，成为其相应的主力金融产品。

（3）在对企业资信情况、信用证条款及合同条款、产品价格等进行审核的基础上，许多平台提供信用证开证服务。

（4）许多平台企业受进出口企业的委托，与银行签订远期结售汇协议，约定未来结汇或售汇的外汇币种、金额、期限与汇率，提供到期时按照该协议订明的币种、金额、汇率办理的远期外汇保值业务。

（5）因为信用证融资业务（如信用证打包贷款、信用证买断）对专业人才的要求较高，大多数平台企业只针对老客户开放，覆盖率仅为40%。一些平台企业基于风险考虑暂时未开展此类业务，华东地区多家公司目前均在研究中。

（6）保证金业务或相似的第三方保函属于创新业务，目前市场上设计的成熟产品很少，覆盖率仅为20%，比较有开展前途。

（7）不同的企业针对不同的情况设置了一些其他品种的金融产品，如对接银行金融衍生产品的一些捆绑产品等。

2.3.2 出口金融服务占比

出口金融服务占比是指平台企业出口业务总额中所涉金融服务的占比。例如，某平台企业总出口额10亿元人民币，其中7亿元人民币出口业务涉及金融服务，则出口金融服务占比为70%。

通过对研究对象的出口业务涉及金融服务的比例进行研究，得到结果，如表2-3所示。

表 2-3　出口金融服务占比情况

金融服务占比	企业名称
金融服务占比为 30%～60%	华南 Y 公司
	华南 H 公司
	华东 M 公司
	华东 C 公司
	华南 Z 公司
金融服务占比在 60%以上	华东 P 公司
	华东 S 公司
	华东 N 公司

结果表明：

1. 部分综服企业由供应链公司、报关服务企业转型而来，之前有较好的客户资源，在为客户提供通关、物流等服务的同时，发展金融服务相对便利，金融服务占比在 30%～60%。

2. 同时，一些平台企业将主要业务锁定为金融服务，开发了多款适应不同企业的金融服务产品，期待通过高出口补贴集聚客户，瓜分市场份额。这类平台企业的金融服务占比超过了 60%。

2.3.3　金融服务产品年化收益率

通过对研究对象提供的金融服务产品年化收益率（退税融资服务除外）进行调研，统计某年化收益率水平的金额服务产品在各综服企业的业务覆盖率，得到结果，如表 2-4、表 2-5 和图 2-5 所示。

表 2–4　金融服务产品年化收益率产品占比情况

金融服务产品品种	业务占比
金融服务产品平均年化收益率 10%以下	10%
金融服务产品平均年化收益率 10%～13%	15%
金融服务产品平均年化收益率 13%～15%	45%
金融服务产品平均年化收益率 15%～20%	20%
金融服务产品平均年化收益率 20%以上	10%

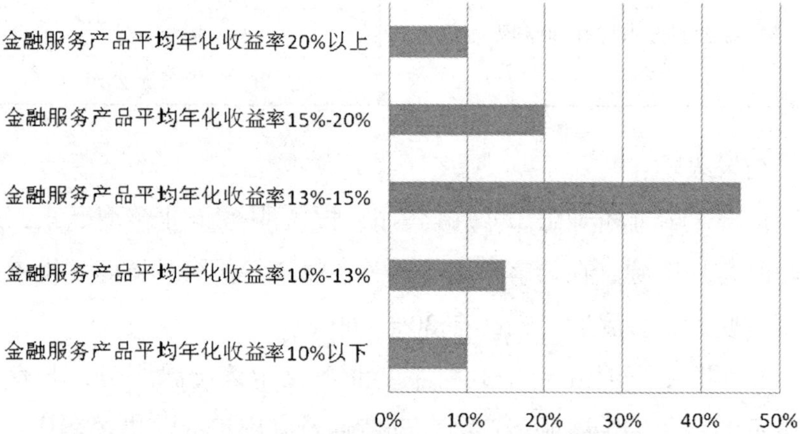

图 2–5　金融服务产品年化收益率产品占比图

表 2–5 列出几家平台企业的核心产品和年化收益率情况。

表 2–5　几家平台企业的核心产品和年化收益率情况

平台企业	金融产品品种数量	代表性的产品	产品年化收益率
华南 Y 公司	10 种	信融保、赊销保、打包贷款、信用证买断	11%～20%
华东 M 公司	8 种	赊销宝、信融宝、外汇远期保值	8%～18%
华东 C 公司	5 种	赊销融资、代开信用证	12%～18%
华东 P 公司	5 种	赊销融资、外汇远期保值	11%～18%

表2-5　续

平台企业	金融产品品种数量	代表性的产品	产品年化收益率
华东 W 公司	5 种	赊销融资、信用证押汇	12%～18%
华南 H 公司	5 种	信用证打包贷款、信用证买断、赊销融资	11%～25%

结果表明：

1. 平台企业金融服务产品的年化收益率定价与平台企业的融资成本和资金来源有密切联系。

2. 各平台企业均开设了不同的金融服务产品，本质上大多嫁接了银行的贸易融资产品或金融衍生产品，其中赊销融资所占比例非常大。

3. 金融服务产品中，一般年化收益率在 13%～15%之间的产品占比较高，平均估算这部分产品的占比在 45%上下。相关公司的赊销融资等均在此水平上下浮动。需要注意的是，金融产品年化收益率在业务执行中随着客户资质、交易规模、金融环境等情况变化而波动，不是一成不变的。

4. 高于 20%或低于 10%的产品占比均较小。

目前，金融服务成为综服企业盈利的主要来源。其作业模式是通过金融服务或物流服务绑定客户，为客户提供资金融通服务，获取相关利润。目前，金融服务已成为不少综服企业的主要利润来源。

2. 4　外贸综合服务之物流综合服务

除上文述及的金融服务外，外贸综合服务另一个主要的盈利点是物流综合服务。

物流综合服务包括订舱、仓储管理、起运地到码头/机场/火车站的内陆运输、拼装拆箱、重新包装和贴标签、保险、国际运输（包括海运、空运、铁路运输、快件、多式联运）、目的地仓储管理、目的地内陆运输等门到门所需的所有或部分服务。

下面以宁波世贸通国际贸易有限公司（以下简称“世贸通”）和中建材国际贸易有限公司（以下简称“中建材”）为例，对物流综合服务进行简要说明。

2.4.1 世贸通物流综合服务

世贸通作为首批国家级外贸综合服务试点企业之一，主要承办宁波、上海及其他口岸的内外贸海运、空运和铁路国际联运进出口货物的国际运输业务，包括揽货、订舱、仓储、中转、集装箱的拼装拆箱、运杂费的结算、国际航空快件、报关、报验、保险及其相关的短途运输服务和咨询业务。

在海运方面，世贸通与 MAERSK（马士基）、APL（总统轮船）、OOCL（东方海外）、COSCO（中远）、YML（阳明海运）、CMA（达飞）、MSC（地中海航运）、CSCL（中海）、PIL（太平）等中外籍船公司签订了优惠运价的协议，因此不论在价格方面还是在服务方面均有着强大的优势。此外，世贸通还配备了提供 24 小时服务的仓库和集卡车队，以及多名经验丰富且能力较强的报关人员，运用先进的物流管理系统，对每票货物的运输情况及单证操作进行有效的跟踪管理。

2.4.2 中建材物流综合服务

中建材作为首批国家级外贸综合服务试点企业之一，依靠稳定且持续增长的进出口业务，与各港口船东和大型代理建立了紧密的合作关系，辅以自主研发的运费公开竞价系统——易单海运网，使易单网合作供应商可以通过易单网获得更具竞争力的海运服务价格，从而使加盟商获得质量更高、成本更低的物流运输服务。易单网的业务具体包括：

1. 易单网承接各类建材及建材相关产品在国内主要城市、国际港口之间的内陆运输服务，包括整箱、散货等；

2. 易单网承接国内各主要港口的海运操作，并与 MAERSK、CMA、MSC、COSCO、CSCL、APL、HPL 等国际大型船运公司达成合作协议，航线遍布全球；

3. 易单网提供包括报关、报检、申报、认证、第三方检验、出口单据制作等货运代理服务。

同时，从 2014 年开始，中建材就在巴西、智利、俄罗斯、荷兰（欧洲）、印度尼西亚、越南、沙特、科威特、卡塔尔、阿曼、巴林、阿联酋等国家建立海外仓，不仅用于自身销售产品的仓储，更作为其物流综合服务的一个产品，提供给第三方。第三方通过中建材专业的仓储服务，可以以较低的成本展示其产品，从而节省其海外营销成本，增加市场占有率。

3

外贸综合服务，如何运营？

3.1 综服企业组织框架搭建

3.1.1 综服企业组织框架示例

基于不同的战略目标，不同的综服企业可能设置不同的组织框架。下文参考笔者实际参与筹划指导的综服企业建设实例进行总结概述。

图 3-1 为某综服企业组织框架示例（仅供参考）。

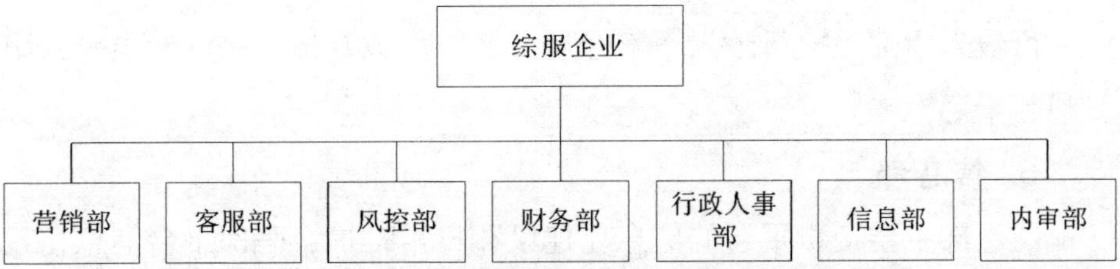

图 3-1 综服企业组织框架示例

一般来说，综服企业各部门的职能如下：

1. 营销部

营销部主要负责平台的市场推广、客户的开发与订单的落地，确保平台的年度销售计划顺利完成。

营销部一般设立营销部经理 1 名，营销代表若干名。

2. 客服部

客服部主要负责平台的日常运营与管理跟进工作，跟进订单的处理与客户维护工作，确保订单的及时完成。

客服部一般设立客服部经理 1 名，通关专员、外汇专员、退税专员及金融服务专员若干名。

3. 风控部

风控部主要负责平台的风险控制与流程管控，确保在贸易合规要求下执行业务操作，确保规避财税、关务、外汇、物流、贸易管制等方面的风险，确保公司良性运营。

风控部可设立风控经理 1 名，风控专员若干名。

4. 财务部

财务部主要负责综服企业的财务核算和管理，财务部设财务专员若干名。

5. 行政人事部

行政人事部负责平台的日常行政管理及人力资源工作，负责平台的前台接待工作。

行政人事部设立行政人事部经理 1 名，行政专员、培训专员、人事专员若干名。

6. 信息部

信息部主要负责平台的信息化建设和日常维护，确保平台信息化设备、网络、软件系统等的稳定运营，为公司的运营提供保障。

信息部设立信息部经理 1 名，信息系统专员若干名。

7. 内审部

内审部主要负责对本单位及所属单位（含占控股地位或者主导地位的单位，下同）的财政收支、财务收支及其有关的经济活动，预算内、预算外资金的管理和使用情况，领导人员的任期经济责任，固定资产投资项目，内部控制制度的健全性和有效性及风险管理，经济管理，进出口业务活动等进行审计。

内审部设立内审经理 1 名，内审专员若干名。

3.1.2 营销部组织框架、职责及任职要求

3.1.2.1 营销部组织框架

营销部若下设营销一部和营销二部，其组织框架（示例）如图 3-2

所示。

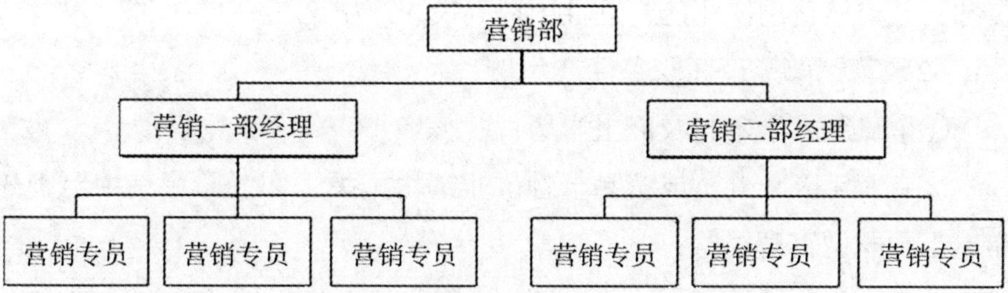

图 3-2　营销部组织框架示例

3.1.2.2　岗位职责及任职要求

1. 营销部经理

（1）营销部经理的职责（示例）

①负责向上级领导汇报工作；

②根据平台市场战略与市场销售目标，结合所掌握的市场信息进行市场预测，制订工作计划，开展营销和推广工作，制订和优化业务流程；

③根据平台经营方针和部门业务需要，协助和配合人力资源管理部门设置部门组织架构和岗位；

④合理配置人力资源，开发和培养员工能力，对员工绩效进行管理，提升部门工作效率；

⑤管理并指导营销代表完成销售任务与市场目标；

⑥建立维护平台的销售网络与渠道管理体系，通过系列市场推广活动，营造市场环境，提升平台与产品品牌，支撑综服企业业务量稳定增长；

⑦通过客户拜访、客户培训和推动客户意见、建议与投诉的处理等服务活动，提高客户满意度，建立、巩固均衡的客户关系平台；

⑧根据平台费用政策，指导下属了解销售重点，评估客户资源需

求，制订营销预算使用计划，确定费用开销方式，合理协调、分配平台资源，并审核费用使用的合理性，提高投入产出比。

（2）营销部经理任职条件（示例）

①全日制大学本科及以上学历；

②有 8 年以上外贸或贸易金融行业销售相关工作经验，其中至少 3 年以上同职位管理经验；

③熟悉外贸运营流程，熟悉营销、管理相关知识，接受过系统的销售、沟通、团队管理等方面的知识培训；

④具有良好的团队合作意识，能承受营销工作压力，责任心强、勇于担当；

⑤有客户资源优先。

2. 营销代表

（1）营销代表的职责（示例）

①负责根据平台制订的销售策略和销售计划开展市场拓展和新客户开发工作，确保完成平台的计划；

②通过客户拜访、客户培训和推动客户意见、建议与投诉的处理等服务活动，提高客户满意度；

③建立、巩固均衡的客户关系平台；

④评估客户资源需求，制订营销预算使用计划，并提报给营销部经理审批；

⑤收集市场的信息和相关动态，并及时将相关市场信息反馈给相关单位，确保能够及时完成相关信息的传送；

⑥协助营销部经理完成平台制订的营销任务并及时更新相关部门报表。

（2）营销代表任职条件（示例）

①全日制大学专科及以上学历；

②有 3 年以上外贸或贸易金融行业销售相关工作经验，对销售充满

热情；

③熟悉外贸运营流程，熟悉营销、管理相关知识；

④接受过系统的销售、沟通、团队管理等方面的知识培训；

⑤具有良好的团队合作意识，能承受较大的营销压力；

⑥有客户资源优先。

3.1.3　客服部组织框架、职责及任职要求

3.1.3.1　客服部组织框架

图 3-3 为客服部的组织框架示例。

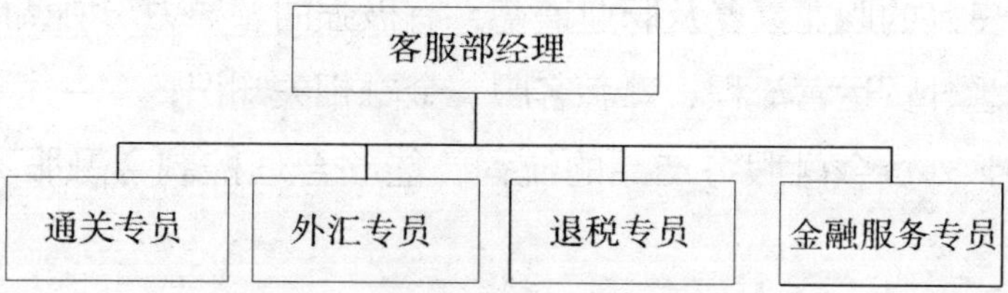

图 3-3　客服部组织框架示例

3.1.3.2　岗位职责及任职要求

1. 客服部经理

（1）客服部经理的职责（示例）

①负责向上级领导汇报相关工作；

②根据平台经营方针和部门业务需要，合理设置部门组织架构和岗位，优化客服流程，并合理配置人力资源；

③改善工作质量和服务态度，加强对下属人员的绩效考核；

④负责综服企业的相关客户的维护和日常运营工作；

⑤负责部门标准作业流程的维护与更新工作，确保完成平台下达的任务；

⑥监控全部门通关、外汇、退税、金融服务运作，保证良好的客户服务水准，确保客户的满意度；

⑦建立服务合作伙伴评估管理体系，维护良好的合作伙伴关系；

⑧保持本部门员工间的良好沟通，以及与其他部门的协调。

（2）客服部经理任职要求（示例）

①全日制大学本科及以上学历，国际贸易类、物流类、报关类或金融类专业；

②有8年以上船务、物流、客服关系、金融、贸易相关工作经验，其中至少3年以上同职位管理经验；

③形象良好，具有良好的沟通协调能力；

④有良好的职业素养及职业道德，有极强的领导力与协调能力；

⑤熟悉外贸运营流程，熟悉客服、金融相关知识；

⑥熟悉外贸金融服务产品的流程，能够合理控制金融服务产品风险；

⑦有良好的服务意识及态度，带动部门员工为客户提供良好的服务。

2. 通关专员

（1）通关专员的职责（示例）

①负责综服企业的通关服务相关工作；

②负责相关客户日常跟进与处理工作，跟进文件、报关相关事项，处理单证，协助完成进出口事项；

③完成客服部经理交办的相关事务，维护客户的稳定关系；负责进出口相关协调工作跟进，确保客户达成计划；

④维护日常报表，确保客户的满意度。

（2）通关专员任职要求（示例）

①全日制大学专科及以上学历，国际贸易类、物流类、报关类或金融类相关专业；

②有两年上船务、物流、客服关系、金融、贸易跟单等同职位管理工作经验；

③形象良好，有良好的沟通协调能力，有良好的职业素养及职业道德，有较强的领导力与协调能力；

④有良好的服务意识及态度，能够确保完成上级交办的相关事宜。

3. 外汇专员

（1）外汇专员的职责（示例）

①负责对外汇相关产品及流程的设定，协助外汇类产品的推广；

②指导客服及营销部门处理外汇相关工作，向客户及平台内相关部门提供金融及外汇咨询服务；

③处理本岗位各类异常事故，梳理流程及优化系统操作，控制业务风险；

④根据平台的发展要求，推动相关项目的开展；

⑤根据外管政策要求，实时监控平台外汇额度，做好调配及管理工作。

（2）外汇专员任职要求（示例）

①全日制大学专科及以上学历；

②有 3 年以上国际结算或国际贸易融资相关工作经验，有金融或外汇产品设计经验者优先；

③对境内外金融及外汇市场有一定的分析判断力，熟悉外汇、银行相关政策及流程。

4. 退税专员

（1）退税专员的职责（示例）

①及时掌握国家退税政策，并对本岗位工作作出调整；

②及时催回报关单及发票，避免过期，在客服部的配合下完成退税相关工作；

③整理及保管退税相关资料，避免遗失；

④维护退税系统并及时向客服部经理提供相关退税报表。

（2）退税专员任职要求（示例）

①全日制大学专科及以上学历，财会、金融类相关专业；

②有 3 年以上财务工作经验；

③熟悉国家税务法规、政策及退税操作流程，思维清晰，性格开朗，善于沟通。

5. 金融服务专员

（1）金融服务专员的职责（示例）

①协助客户处理融资还款事宜及其他相关银行等金融事务，审核信用证及处理信用证融资事项；

②融资贷后管理事宜的操作；

③对有融资逾期的客户进行邮件和电话的催收，必要时能上门拜访客户；

④协助客服部经理完成相关金融服务产品的日常管理与维护工作；

⑤分析客户的信用和运营情况，定期输出分析报表，揭示风险。

（2）金融服务专员任职要求（示例）

①全日制大学本科及以上学历，国际贸易、英语、财务管理专业优先；

②熟悉外贸单证和信用证流程；熟悉贸易融资的相关流程；

③良好的风险意识和敏捷的思维，对外贸金融服务产品有比较深刻的认识；

④逻辑思维较强，有一定的财务管理方面的知识或经验。

3.1.4 风控部组织框架、职责及任职要求

3.1.4.1 风控部组织框架

图 3-4 为风控部的组织框架示例。

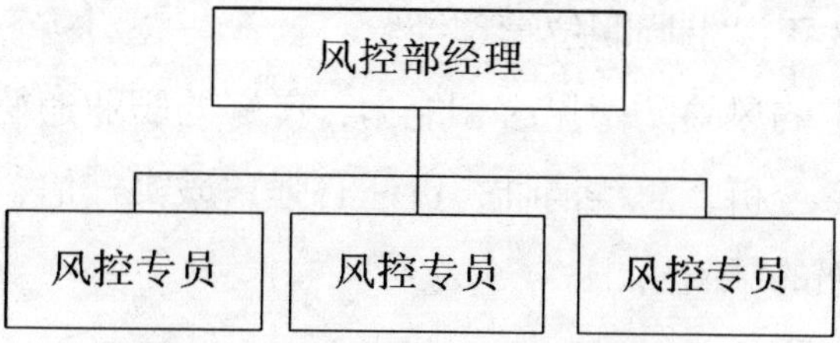

图 3-4 风控部组织框架示例

3.1.4.2 岗位职责及任职要求

1. 风控部经理

（1）风控部经理的职责（示例）

①负责向上级领导汇报相关工作；

②根据平台市场战略与市场销售目标，制订工作计划，建立风控管理体系；

③根据平台经营方针和部门业务需要，协助和配合人力资源管理部门设置部门组织架构和岗位；

④合理配置人力资源，开发和培养员工能力，对员工绩效进行管理，提升部门工作效率；

⑤参与平台业务模式的筹划，确保模式的合规性；

⑥负责综服企业日常业务的风险控制和业务审批，规范作业流程；

⑦管理并稽核公司的内部作业流程和业务数据，及时挖掘和排查运营风险，确保在贸易合规前提下良性运行；

⑧负责部门内部的人员培训提升，以及和其他部门的外联沟通协调工作。

（2）风控部经理任职要求（示例）

①全日制大学本科及以上学历，外贸、财经、金融、法学类相关专业；

②有 8 年以上法务、金融管理、物流、客户关系、贸易跟单工作经

验，其中至少 3 年以上同职位管理经验；

③具有一定的风险防范见解和能力，良好的职业道德操守；

④精通财务分析，思维清晰，责任心强，诚实守信，富有激情，爱岗敬业，有较强的风险意识。

2. 风控专员

(1) 风控专员的职责（示例）

①负责公司融资业务风险审批，发表审批意见，把控融资单据规范性和融资风险；

②负责对境内外贸易主体和合作伙伴进行风控评估；

③配合风控部经理搭建公司金融风险控制体系，并持续完善；

④负责公司融资风控方法的内部培训；

⑤梳理并稽核公司的内部作业流程，确保在贸易合规的前提下良性运行。

(2) 风控专员任职要求（示例）

①全日制大学专科及以上学历，国际贸易、金融、法律等相关专业；

②具有 3 年以上工作经验，有财务及金融风险管理和控制经验背景者优先；

③道德品质优良，勤奋敬业。

3.1.5 财务部组织框架、职责及任职要求

3.1.5.1 财务部组织框架

图 3-5 为财务部的组织框架示例。

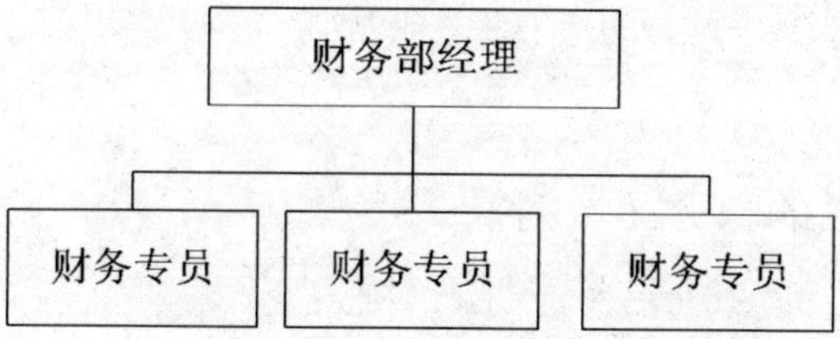

图 3-5　财务部组织框架示例

3.1.5.2　岗位职责及任职要求

1. 财务部经理

（1）财务部经理的职责（示例）

①负责向上级领导汇报相关工作；

②根据平台市场战略与相关财务制度，审核会计凭证及各项支付凭证，财务内部控制及管理；

③拟定财务管理及规章制度，协调财务与公司各部门问题；

④指导财务作业人员与银行及税务人员沟通协调，确保完成平台的相关任务；

⑤负责财务内部控制及管理，对员工绩效进行管理，提升财务部门工作效率。

（2）财务部经理任职要求（示例）

①全日制大学本科及以上学历，财会或税务专业，中级以上会计职称，有 8 年以上财务工作经验，其中至少 3 年以上同职位管理工作经验，有外贸行业工作经验者优先；

②熟悉财务制度、税务政策，具有团队管理经验；

③能承受较大的工作压力，善于沟通，责任心强，热情主动，道德品质优良，勤奋敬业；

④有良好的金融、财税、管理相关知识，有强烈的风险和成本意识；

⑤具有企业财务管理高级职称者优先。

2. 财务专员

(1) 财务专员的职责（示例）

①负责会计凭证填制录入、月末对账；

②负责费用报销及付款申请审核；

③负责进出口外汇、资金审核；

④协助指引客户相关账务处理。

(2) 财务专员任职要求（示例）

①全日制大学专科及以上学历，财会或审计相关专业；

②熟悉进出口财务核算及账务处理，思维敏捷，善于沟通；

③能承受较大的工作压力，责任心强，热情主动，道德品质优良，勤奋敬业；

④具有企业财务管理中级职称者优先。

3.1.6 行政人事部组织框架、职责及任职要求

3.1.6.1 行政人事部组织框架

图 3-6 为行政人事部的组织框架示例。

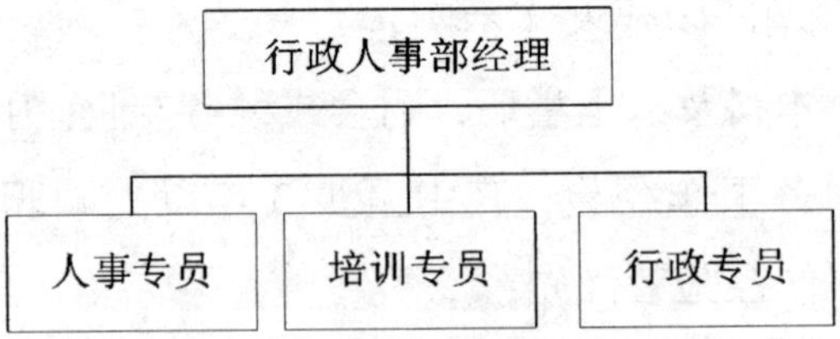

图 3-6 行政人事部组织框架示例

3.1.6.2 岗位职责及任职要求

1. 行政人事部经理

（1）行政人事部经理的职责（示例）

①向上级领导汇报工作，并依照公司策略，规划行政人事部的工作执行方案及执行进度，并主导实施；

②负责行政人事部管理制度、作业办法的制订与审核；

③检查、督导公司各项行政管理制度的执行及各项工作计划的进展情况，并采取必要的对策；

④依照人力需求，主持人力招募、薪酬、绩效考核、培训、劳动关系等相关工作；

⑤负责协调政府相关部门关系。

（2）行政人事部经理任职要求（示例）

①全日制大学本科及以上学历，人力资源管理或相关专业，有 8 年以上行政人事部管理工作经验；

②熟悉人力资源招聘、薪酬、绩效考核、培训等规定和流程，熟悉国家各项劳动人事法规政策；

③具有较强的语言表达能力、人际交往能力、应变能力、沟通能力及解决问题的能力，有亲和力，有较强的责任感与敬业精神；

④具有企业人力资源管理师职业资格证者优先。

2. 培训专员

（1）培训专员的职责（示例）

①建立并完善公司培训体系、培训制度及相关流程；

②根据公司战略开展培训需求调研，并制订年度培训计划；

③建立培训档案，根据不同的培训内容，以及目的设计培训效果评估方式；

④负责新员工入职培训的授课，以及对试用人员进行考核评估；

⑤进行培训需求分析，制订并组织实施内外部培训方案，并且实时对受训人员进行培训跟进及考核，确保培训效果达到公司的要求。

（2）培训专员任职要求（示例）

①全日制大学专科及以上学历，教育、人力资源专业优先；

②两年以上培训相关工作经验，具备专业授课技巧、对学员进行辅导回馈、评估追踪的技能；

③具备培训常规知识，了解人力资源管理技术，具备金融行业知识经验者优先；

④具有企业培训师职业资格证者优先。

3. 人事专员

（1）人事专员的职责（示例）

①负责公司相关单位的用人需求跟进，用人需求协调确认；

②负责选择、维护招聘渠道；

③负责应聘简历甄选，面试安排，初试，跟进面试结果；

④负责录取审批跟进，传达，录用通知，入职手续办理；

⑤负责新入职员工引导，招聘数据的统计分析工作。

（2）人事专员任职要求（示例）

①全日制大学专科及以上学历，人力资源相关专业，有3年以上专职招聘工作经验；

②熟悉招聘模块，掌握常用面试技巧及方法，熟悉各类招聘渠道；

③有良好的语言表达能力及沟通协调能力；

④文笔好，洞察力、分析能力良好，思维及工作方式条理清晰，待人接物大方得体，性格开朗，有较好的亲和力；

⑤具有企业人力资源管理师职业资格证者优先。

4. 行政专员

（1）行政专员的职责（示例）

①在上级的领导和监督下定期完成量化的工作要求，并能独立完成

所负责的任务；

②推行公司各类规章制度的实施；

③执行人力资源管理各项实务的操作流程和推动各类规章制度的实施，配合其他业务部门的工作；

④管理劳动合同，办理用工、退工手续；

⑤执行招聘工作流程，协调、办理员工招聘、入职、离职、调任、升职等手续；

⑥负责管理人力资源相关文件和档案；

⑦各种证照的办理。

（2）行政专员任职要求（示例）

①全日制大学专科及以上学历，人力资源或相关专业；

②两年以上行政管理相关工作经验；

③熟悉人力资源管理各项实务的操作流程，熟悉国家各项劳动人事法规政策，并能实际操作运用；

④具有良好的职业道德，踏实稳重，工作细心，责任心强，有较强的沟通协调能力，有团队协作精神。

3.1.7　信息部组织框架、职责及任职要求

3.1.7.1　信息部组织框架

图3-7为信息部的组织框架示例。

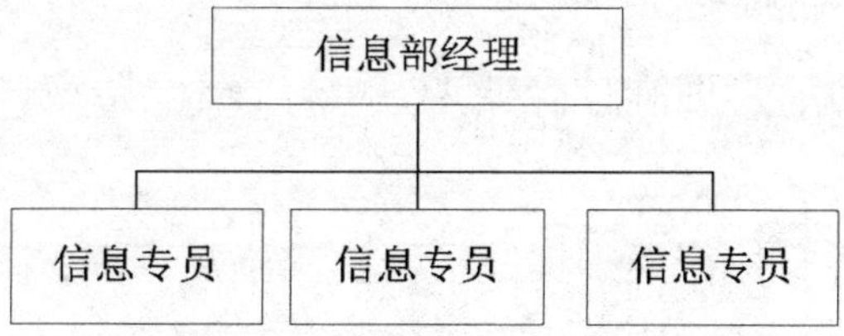

图3-7　信息部组织框架示例

3.1.7.2 岗位职责及任职要求

1. 信息部经理

（1）信息部经理的职责（示例）

①向上级领导汇报工作，设计、部署、管理维护企业IT系统，建设稳定、高效、安全的IT环境；

②负责指导并且执行系统集成项目的实施及管理，参与公司信息化建设项目，包括需求调研、方案整理、业务流程梳理、项目实施等工作；

③根据公司业务发展计划制定、实施及修正IT战略规划，并负责IT项目的实施推进。

（2）信息部经理任职要求（示例）

①全日制大学本科及以上学历，计算机相关专业，有5年以上相关工作经验；

②熟悉常用系统软件安装、配置、维护、优化及故障处理；

③熟悉常用计算机语言和技术框架，具备数据库编程能力；

④具有良好的系统集成的实践经验以及较强的逻辑思维能力，对业务流程善于思考并能提出优化建议；

⑤有较强的语言表达能力，有良好的沟通能力、文字编写能力，具有撰写技术文档、技术方案的能力。

2. 信息专员

（1）信息专员的职责（示例）

①设计、执行、管理维护企业IT系统，建设稳定、高效、安全的IT环境；

②负责指导并且执行系统集成项目的实施及管理；

③根据上级领导的安排执行并推进IT项目的实施；

④维护公司计算机系统的稳定运行。

（2）信息专员任职要求（示例）

①全日制大学专科及以上学历，计算机相关专业，有3年以上相关工作经验；

②熟悉常用系统软件安装、配置、维护、优化及故障处理；

③熟悉常用计算机语言，具备数据库编程能力；

④有较强的语言表达能力，有良好的沟通能力、文字编写能力，具有撰写技术文档、技术方案的能力。

3.1.8 内审部组织框架、职责及任职要求

3.1.8.1 内审部组织框架

图3-8为内审部的组织框架示例。

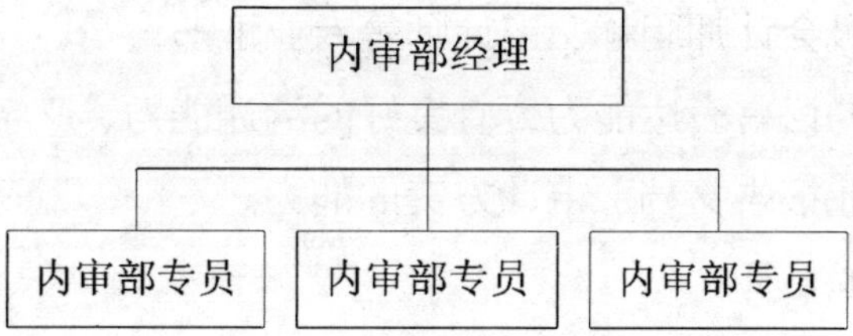

图3-8 内审部组织框架示例

3.1.8.2 岗位职责及任职要求

1. 内审部经理

（1）内审部经理的职责（示例）

①向公司最高负责人汇报相关工作；

②负责制定相应规定，确保内部审计机构具有履行职责所必需的权限；

③根据公司发展战略和年度目标，拟订本部门年度、月度、周工作计划和具体行动措施并组织实施，确保有效支持公司战略目标的达成；

④组织内部相关部门建立、优化、推行财务审计、专项审计、内控审计等相关流程和制度，为公司规范内部管理和降低经营风险提供良好的支持保障；

⑤提出纠正、处理违法违规行为的意见，以及改进企业管理、提高经济效益的建议；

⑥负责对违法违规和造成损失浪费的部门和人员，给予通报批评或者提出追究责任的建议；

⑦参与召开与审计事项有关的会议。

（2）内审部经理任职要求（示例）

①全日制大学本科及以上学历，财务相关专业，有5年以上审计管理工作经验；

②熟练掌握审计工作方法，具有较强的组织协调能力和沟通能力；

③具备中级会计师职称、审计师等专业证书；

④有较强的语言表达能力，有良好的沟通能力、文字编写能力，具有撰写审计专业报告文档、审计方案的能力。

2. 内审部专员

（1）内审部专员的职责（示例）

①根据部门审计计划执行常规审计，编制审计底稿，撰写审计报告；

②负责对审计中发现的问题提出审计意见和改善建议，跟踪被审部门改善对策的回复并落实执行；

③完成上级领导交办的其他事项。

（2）内审部专员任职要求（示例）

①全日制大学专科及以上学历，财务、审计、法律等相关专业，3年以上相关工作经验；

②熟练使用相关办公软件；

③思维敏捷，逻辑性强，具有一定的统筹和规划能力；

④有较强的语言文字表达、问题分析、审计技术应用、人际沟通、组织管理等职业技能。

3.2 综服企业通关服务介绍

3.2.1 全国海关通关一体化改革

全国海关通关一体化改革是海关全面深化改革的标志性、引领性改革，是海关全面深化改革的核心任务，其结构支撑是“两中心三制度”。“两中心”，即建设风险防控中心、税收征管中心；“三制度”，即实施货物通关“一次申报、分步处置”，改革税收征管方式，推进协同监管。以“两中心三制度”为结构支撑，实现海关监管管理体制改革，确保海关全面深化改革的系统性、整体性、协同性。全国海关通关一体化改革的总体格局如图 3-9 所示。

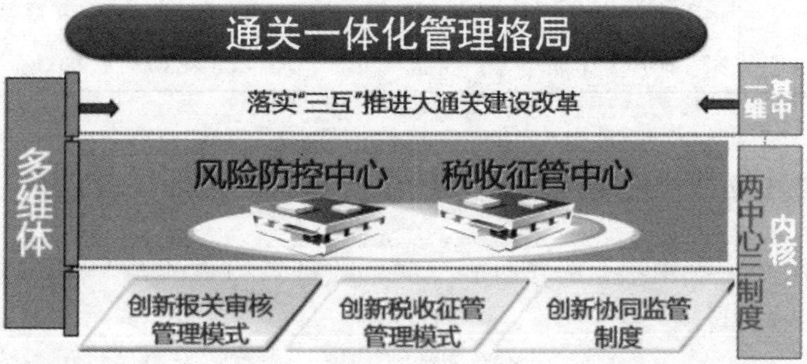

图 3-9 全国海关通关一体化改革的总体格局简图

3.2.1.1 “两中心”介绍

设立上海、黄埔和青岛 3 个全国覆盖的集中风险防控中心（简称“风控中心”），分别针对空运货物、陆运货物、水运货物（来往港澳小型船舶除外），统一对全国所有口岸进口的全部商品开展安全准入风险防控。风控中心将为无纸化通关设置许可证、原产地证、“3C”认证、商检报告等安全准入参数并维护税收征管参数。

设立京津、上海和广州3个全国覆盖的集中税收征管中心（简称“税管中心”），按照商品和行业分工，统一对全国所有口岸进口的商品针对涉税申报要素的准确性进行验证和处置。重点防控涉及归类、价格、原产地等税收征管要素的税收风险，具体职能分工如表3-1所示。

表3-1　京津、上海、广州税管中心的具体职能分工

税管中心	主管进口货物品类	主管进口商品税号
北京、天津	农林、食品、药品、轻工、杂项、纺织类、航空器等商品	共58章（第1~24章、30章、41~67章、88章、93~97章），3461个税号
上海	机电大类（机电、仪器仪表、交通工具类）等商品	共8章（第84~87章、89~92章），2286个税号
广州	化工大类（化工原料、高分子、能源、矿产、金属类等）商品	共30章（第25~29章、31~40章、68~83章），2800个税号

3.2.1.2　“三制度”介绍

实施“一次申报、分步处置”“税收征管方式改革”“协同监管”三项制度，具体来看：

“一次申报、分步处置”的管理模式将分离安全准入和税收征管作业，第一步由风控中心分析验证货物品名、数量重量、禁限类别等准入属性，排查准入风险后企业自缴税款或凭担保先放行货物；第二步由征管中心分析验证货物归类、价格、原产地等税收属性，完成货物放行后的税收征管作业。

“税收征管方式改革”，将强化企业如实申报、依法纳税的责任，推动税收征管申报要素的审查由集中在进出口通关环节向全过程转变，由逐票审查确定向抽查审核转变。

“协同监管”制度主要针对隶属海关功能定位和机构设置的差别化，口岸海关将侧重运输工具、货物、物品、监管场所等的监管，而主管海关（进口人/出口人注册地海关）则侧重企业稽查、信用管理等后续监管和合规管理。同时，将强化通关监管（风控中心和税管中心）、稽查、缉私三支执行力量的协同监管，并分别有所侧重。

从“三制度”整体来看，全国范围推进通关一体化改革后，海关对企业的进出口申报管理分为以下 3 个步骤，如表 3-2 所示。

表 3-2　海关对企业进出口申报管理步骤

申报步骤	进出口申报管理主要项目	进出口申报管理的主要内容
第一步	放行前核查	风控中心分析货物是否存在禁限管制、侵权、品名规格数量伪瞒报等安全准入风险并下达布控指令，由现场查验人员实施查验。对于存在重大税收风险的，由税管中心实施货物放行前的税收征管要素风险排查处置或安排现场验估岗进行实货验估。
第二步	放行后排查	税管中心在货物放行后对报关单税收征管要素实施批量审核，筛选高风险目标进行核查，并联系企业或通知主管海关统筹实施放行后验估、稽（核）查等作业。
第三步	常规或专项稽查	由主管海关负责通过对企业进行常规或专项稽查来实施后续监管。

3.2.2　综服企业出口服务流程示例

图 3-10 为某综服企业出口服务流程示例。

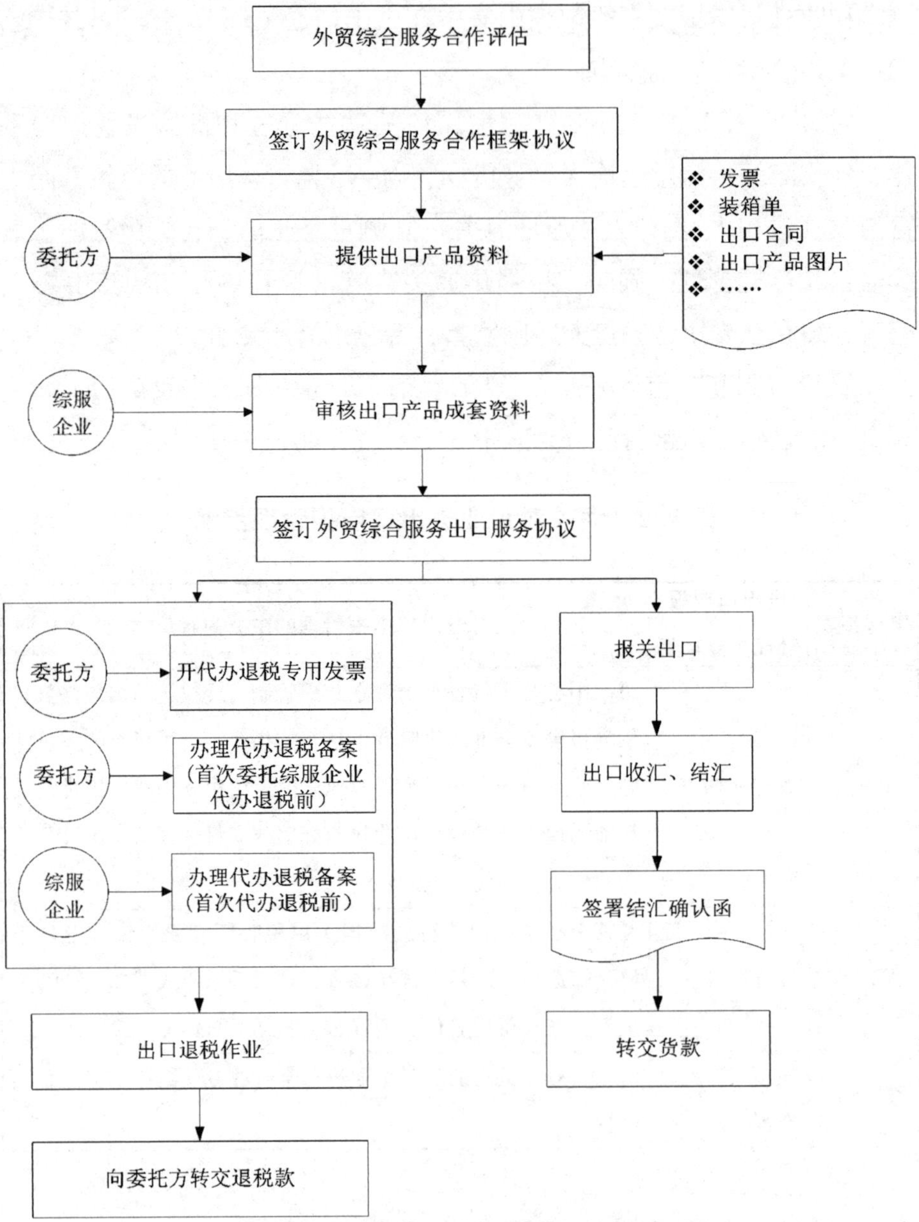

图 3-10　综服企业出口服务流程示例

3.2.3　综服企业出口通关服务文档模板

3.2.3.1　外贸综合服务出口通关合作框架协议模板

外贸综合服务合作框架协议

（出口通关服务参考模板）

协议编号：

甲方（委托方）：

地址：

联系人：

联系电话：

乙方（受托方）：××外贸综合服务企业

地址：

联系人：

联系电话：

根据中华人民共和国相关法律、法规，以及参照国家税务总局公告2017年第35号的规定，双方协商一致，达成本外贸综合服务合作框架协议（以下简称协议），双方共同遵守执行。

一、合作范围

甲乙双方合作范围限于：乙方接受甲方的委托，提供出口通关申报支持、外汇收结、出口退税外贸综合服务。

二、甲方责任

1）甲方委托事项以及对外所做的承诺或约定必须符合国家现行的法律、法规和政策的规定，并承担有关责任。

2）甲方保证对外贸易的真实合法性，保证产品符合境外买家的要求、出口质量标准、中国及进口国贸易管制法的规定。如甲方违反上述规定以及发生虚开增值税扣税凭证、骗取出口退税等涉税违法行为的，承担由此产生的法律责任和经济损失。

3）甲方确保所出口商品和商品销售价格的真实性。如因甲方原因造成出口通关时发生问题，其责任和直接损失以及乙方按甲方委托要求履行合同过程中所产生的风险和损失均由甲方承担。

4）甲方按照产品出口的相关要求，配合乙方完成出口的各项工作，并自行负责境外买家的接洽，对产品质量、规格型号、包装、交期、售后服务等产品供应效果负责，若甲方系小规模纳税人或个人，还须负责产品供应商的接洽及产品的指定。因产品质量、规格型号、包装、交货、售后服务等产品供应效果引发的法律责任和经济损失由甲方承担。

5）在提供给海关的报关申报单、关税单、装箱单、合同、发票中，即使发货单位或卖方是乙方，但乙方实际上是接受甲方委托，提供外贸综合服务，进行此单货物的出口报关。

三、乙方责任

1）乙方对甲方在合作中披露的信息保密，未经甲方书面同意不得公开。因乙方的过错造成甲方保密信息泄漏的后果及责任由乙方承担。

2）乙方仅在本协议合作范围内，承担乙方单方操作过错所产生的法律责任和直接经济损失，因海关、税务局、保险公司、银行等的操作错误产生的损失，乙方不承担责任。

3）向甲方事先预测、事后公开各项出口收支。

四、出口通关申报支持

甲方自行安排物流运输和报关申报，因物流运输、报关申报引发的货损风险、法律责任和经济损失由甲方承担。

五、出口结汇

境外买家可通过转账、托收或信用证的方式支付货款。选择信用证方式的，乙方作为受益人，根据甲方提供的相关单据或文件，协助甲方进行单证审核，并负责将信用证规定或指定的单据向议付银行提交。甲方对单据的真实性、有效性及准确性负责，承担单单相符、单证相符、单货相符的责任，因单单不符、单证不符、单货不符所致的导致政府监管部门处罚所产生的法律责任和经济损失由甲方承担。

甲方保证其境外客户按照出口报关金额向乙方支付全额外汇，承担乙方不能全额收汇引发的法律责任和经济损失。如报关后收取外汇，则乙方在收汇后5个工作日内办理完结汇手续并支付甲方或甲方书面指示的第三方；如甲方申请报关前收取外汇，则经乙方同意后办理预收外汇手续，并在收汇后5个工作日内完成结汇并将百分之九十五的结汇款支付甲方或甲方书面指示的第三方，待报关完毕后支付剩余的百分之五结汇款，因境外买家延迟付汇、甲方或甲方书面指示的第三方银行账户问题等非因乙方过错造成的结汇延误或无法结汇的经济损失由甲方自行承担；因乙方单方面过错导致结汇超过5个工作日的，乙方承担因此给甲方造成的直接经济损失。

乙方按照实际收到的外汇与甲方进行结算，不承担收汇及结汇过程中可能产生的银行手续费及汇率波动的风险。

六、出口退税

甲方保证遵守国家相关税务法律法规的规定，向乙方开出代办退税专用发票（备注栏内注明“代办退税专用”）。因甲方或其供应商虚开、错开、代开增值税发票所产生的法律责任和经济损失由甲方承担。

出口退税以税务局实际退税的金额为准，乙方在收到实际退税款后的5个工作日内，将该款项支付给甲方。

按照国家税务总局公告2017年第35号的规定，甲方应当办理委托代办退税备案，“代办退税情况备案表”内容发生变化时，甲方应自发生变化之日起30日内重新报送该表。乙方应当办理代办退税备案，“代办退税情况备案表”的内容发生变化时，应自发生变化之日起30日内重新报送该表。

七、违约责任

因不可抗力所造成的全部或部分货物不能出口的，乙方不承担责任。

甲方申请报关前由乙方预收外汇的，甲方应在乙方收到外汇款之日起

90日内安排货值不低于预收外汇金额的货物报关出口，逾期未安排货物出口的，应向乙方支付预收外汇金额的百分之五的违约金。乙方有权从预收的外汇款等费用中扣除违约金。如因此给乙方造成其他经济损失的，甲方还应承担相应的赔偿责任。

八、法律适用及争议解决

本协议适用中华人民共和国法律，排除冲突法的适用。

因本合同引起的或与本合同有关的一切纠纷，由双方友好协商解决，协商不成的，任何一方有权提请××裁委员会按照该会仲裁规则进行仲裁。仲裁委员会的裁决为终局裁决，对双方均有约束力。

九、期限和终止

本协议自双方签字盖章之日起生效，有效期为一年。

十、其他规定

本协议一式四份，甲方两份，乙方两份，具有同等法律效力。

如果本协议的任何部分、条款或者规定根据适用法律被认定为不合法、无效或失效，或与适用法律相冲突，其余条款的有效性不受影响，且双方应通过谈判达成一项尽可能接近协议本意的替代条款。

所有与本协议有关的文件（包括但不限于补充协议、外贸综合服务企业出口委托协议、外贸综合服务企业购货合同、业务确认函等）构成本协议不可分割的一部分，作为本协议的附件，与本协议具有同等法律效力。

甲方（盖章）	乙方（盖章）
法定代表人或授权代表（签字）：	法定代表人或授权代表（签字）：
日期：	日期：

3.2.3.2 外贸综合服务出口服务协议模板

外贸综合服务出口服务协议

协议编号：

甲方（委托方）：

乙方（受托方）：××外贸综合服务企业

根据甲、乙双方签订的外贸综合服务合作框架协议（协议编号：   ）约定，甲乙双方经友好协商，订立本委托协议。

◆委托办理项目：

受托项目	承办人	备注
1. 出口收汇		
2. 出口退税管理	××国税局	
3. 一般贸易出口	××海关	委托人自行安排物流运输和报关作业

◆委托人提供的信息及应提供的文件：

外汇币种	
外汇金额	
预计收汇时间	
收汇方式	
开票人名称	
报关经营单位	××外贸综合服务企业
出口报关发货单位	××外贸综合服务企业
出口报关目的国（地区）	
客户是否自行报关	
境内货源地	
物流方式	

◆产品归类：

HS 编码	CIQ 编码	退税率	监管条件	包含品名
产品总额：USD		总毛重：		总净重：
包装种类：		包装件数：		包装说明：

◆费用计算：

费用名称	收费标准	备注
结汇金额	外汇结汇金额=收到外汇金额×银行当天买入价	
退税服务费	退税服务费 = 出口退税额×4%	

◆其他说明：

1）委托人货物报关后，保证1个月内将通关单证寄回受托人办理后续工作，如因委托人原因导致受托人无法办理后续工作，一切后果和经济损失由委托人承担，与受托人无关。

2）如果国税退税分局发函调查委托人提供的增值税发票真实性、合法性，委托人保证积极配合调查并协助当地税务局积极复函，如因此产生的法律责任和经济损失由委托人承担。

3）受托人在服务过程中可以向委托人提出合理、合法的要求，请求委托人给予配合，但需明确其目的以及利弊关系。委托人需给予配合。如果委托人在合理的时间内未给予配合的，由此产生的额外费用由委托人承担。

甲方（盖章）　　乙方（盖章）

法定代表人或授权代表（签字）：　　法定代表人或授权代表（签字）：

日期：　　日期：

3.2.3.3 外贸综合服务业务中部分单证模板

1. 发票模板

××外贸综合服务企业

Address：

TEL： FAX：

INVOICE

发票

INVOICE NO.：

序号	品名	数量	单价	总金额
TOTAL：				

2. 装箱单模板

××外贸综合服务企业

Address：

TEL：　　FAX：

PACKING LIST

装箱单

NO.：

型号	品名规格	箱数	数量（PCS）	净重（kgs）	毛重（kgs）
Total：					

3. 报关单示例

中华人民共和国海关出口货物报关单

预录入编号：　　　　海关编号：　　　　（××海关）　　　　页码/页数：

境内发货人	出境关别		出口日期		申报日期		备案号
境外收货人	运输方式		运输工具名称及航次号		提运单号		
生产销售单位	监管方式		征免性质		许可证号		
合同协议号	贸易国（地区）		运抵国（地区）		指运港		离境口岸
包装种类	件数	毛重（千克）	净重（千克）	成交方式	运费	保费	杂费
随附单证及编号							
标记唛码及备注							

项号	商品编号	商品名称及规格型号	数量及单位	单价/总价/币制	原产国（地区）	最终目的国（地区）	境内货源地	征免

报关人员　报关人员证号　电话　兹声明以上内容承担如实申报、依法纳税之法律责任	海关批注及签章
申报单位　申请单位(签章)	

注：该出口货物报关单为关检融合后新执行的样板，如有任何的变更或调整以海关最新的公布规定为准。

4. 代办退税情况备案表模板

代办退税情况备案表

填表单位：　　　　□生产企业　　　　□综服企业

填报日期：　　年　　月　　日

序号	委托代办退税的生产企业情况			受托代办退税的综服企业情况			备案情况		
	企业名称	纳税人识别号(统一社会信用代码)	海关企业代码	企业名称	纳税人识别号(统一社会信用代码)	海关企业代码	外贸综合服务合同（协议）号码	生产企业提供的代办退税开户银行	生产企业提供的代办退税银行账号
1									
2									
3									
4									
5									

请认真阅读以下条款，并承诺遵守，由企业法定代表人签字、盖章以示确认。

一、遵守各项税收法律、法规及规章。

二、在本备案表中所填写的信息是完整的、准确的、真实的。

三、符合《国家税务总局关于调整完善外贸综合服务企业办理出口货物退（免）税有关事项的公告》（国家税务总局公告2017年第35号）规定的代办退税条件。

四、综服企业将严格履行代办退税内部风险管控职责，审核委托代办退税的生产企业生产经营情况、生产能力及出口业务的真实性，并将有关资料留存备查。

五、本备案表中列明的开户银行及账号为生产企业的代办退税账户。当税务机关需要暂扣生产企业的退税款时，将配合税务机关从该账户中扣除。

以上如有违反，将承担相关法律责任。

法定代表人(签章)：

纳税人公章

填表说明：1. 填表单位为生产企业的，在表头“生产企业”前的□内打√；填表单位为综服企业的，在表头“综服企业”前的□内打√。

2. 填表单位为生产企业的，此表一式三份，一份生产企业主管税务机关留存，一份生产企业留存备查，一份由生产企业转交综服企业。

3. 填表单位为综服企业的，此表一式两份，一份综服企业主管税务机关留存，一份综服企业留存备查。

5. 外贸综合服务企业代办退税申报表模板

外贸综合服务企业代办退税申报表

综服企业海关企业代码：　　　　（公章）

综服企业纳税人名称：

综服企业纳税人识别号(统一社会信用代码)：

代办退税专用发票张数：　　　　申报年月：　　年　　月　申报批次：　　　　金额单位：元至角分

序号	生产企业纳税人识别号(统一社会信用代码)	出口货物报关单号	出口日期	出口商品代码	申报商品代码	出口商品名称	计量单位	出口数量	美元离岸价	代办退税专用发票号码	开票日期	出口退税计税金额	征税率	退税率	申报代办退税税额	业务类型	备注
1	2	3	4	5	6	7	8	9	10	11	12	13	14	15	16	17	18
合计：																	

申报人申明	授权人申明
此表各栏填报内容是真实、合法的，与实际出口货物情况相符。否则，本企业愿意承担由此产生的相关责任。 经办人： 财务负责人： 法定代表人（负责人）：　　　　年　　月　　日	（如果你已委托代理申报人，请填写下列资料） 为代理出口货物退税申报事宜，现授权　　　　为本纳税人的代理申报人，任何与本申报表有关的往来文件都可寄予此人。 授权人签字　　（盖章） 年　　月　　日

填表说明：

（一）表头项目填写规则：

综服企业海关企业代码：综服企业在主管海关办理《自理报关单位注册登记证明书》取得的10位编号；

综服企业纳税人名称：综服企业名称的全称；

综服企业纳税人识别号(统一社会信用代码)：综服企业未换领统一社会信用代码营业执照的填写原15位纳税人识别号，已换领统一社会信用代码营业执照的填写18位统一社会信用代码；

申报年月：按申报期年月填写，对跨年度的按上年12月份填写；

申报批次：所属年月的第几次申报。

（二）具体内容填写规则：

序号：填写八位流水号，当序号大于99999999时，可以填写A0000001，A0000002，……英文字母A加数字组合；

生产企业纳税人识别号（统一社会信用代码）：生产企业未换领统一社会信用代码营业执照的填写原15位纳税人识别号，已换领统一社会信用代码营业执照的填写18位统一社会信用代码；

出口货物报关单号：填写海关出口货物报关单右上角的海关统一编号+0+项号，共21位，报关单号为进货和出口的唯一标识，一个报关单号码必须对应至少一张代办退税专用发票，对应多张代办退税专用发票时，单个报关单的数量和美元离岸价应按比例分开对应填报；

出口日期：出口货物报关单的出口日期；

出口商品代码：按出口报关单的商品代码对应的退税率文库中的基本商品代码填写；

申报商品代码：出口商品需按照主要原材料退税率申报退税的，填写主要原材料商品代码，其他不填写；

计量单位：填写出口货物报关单上的第一计量单位或第二计量单位；如属于无出口报关单的按照进货凭证中货物名称对应商品代码的海关第一计量单位填写；

出口数量：按实际出口数量或申报出口退税的数量填写；

美元离岸价格：当报关单的成交方式为FOB时，与报关单总价相同；

代办退税专用发票号码：填写代办退税专用发票的发票代码+发票号码共同组成的18位数字，一张代办退税专用发票如对应多张出口货物报关单的，应严格按单个出口货物报关单作为进货和出口唯一标识的要求，将一张代办退税专用发票按比例分开对应填报；

开票日期：代办退税专用发票的开票日期；

出口退税计税金额：填写代办退税专用发票上注明的金额；

征税率：按百分比的格式填写代办退税专用发票上的税率；

退税率：填写商品码库对应出口货物的退税率；如属退税率有特殊规定，需按现行政策规定的退税税率填写；

申报代办退税税额：填写代办退税专用发票上注明的金额乘以对应出口货物的退税率；

业务类型：根据出口货物实际情况，填写生产企业的自产货物或视同自产货物。

3.3 综服企业出口信用保险服务介绍

出口信用保险是承保出口商在经营出口业务的过程中因进口商的商业风险或进口国（地区）的政治风险而遭受的损失的一种信用保险，是国家为了推动本国的出口贸易，保障出口企业的收汇安全而制定的一项由国家财政提供保险准备金的非营利性的政策性保险业务。

综服企业出口业务也是中国出口信用保险公司（以下简称中国信保）重点支持的新业态模式。中国信保创新承保模式，对综服企业出口业务实现风险全覆盖；帮助综服企业建立委托方准入制度，提示委托方合作风险，完善外销合同条款，规范贸易单据，建立应收账款对账制度；协助综服企业实现过程化管理等。

为支持综服企业的发展，中国信保积极探索新的金融服务方式，从风险预警、平台信用体系建设、便捷承保、资信服务等多方面进行创新，更好地贴合综服企业的需求。

3.3.1 出口信用保险操作流程及操作要点

3.3.1.1 出口信用保险适保范围

中国信保主要承保企业应收账款信用风险，承保的风险主要是人为原因造成的商业信用风险和政治风险。

3.3.1.2 出口信用保险操作流程

1. 外商资信调查：由中国信保对外商进行资信度调查，需时通常约 14 天。

2. 信用限额申请：外商资信调查完毕，投保企业再向中国信保申请信用限额，中国信保根据评估情况批复信用限额，需时通常约 3 个工作日。中国信保审批信用限额后，出具批单，确定保险费率。

提请注意：申请信用限额后，4 个月内不向中国信保申报出口的，会产生信用限额空置费用，由中国信保收取。

3. 货物出口后申报：投保企业在有效信用限额下向海外买家发货，每一票货物出运后 3 个工作日内填具出口申报单，向中国信保申报；中国信保盖章确认回传出口申报单，并承担此票货的保险责任。注意申报时间是在货物出运后 3 个工作日内。

4. 索赔事项：

（1）投保企业在获悉发生或可能发生保单项下的损失时，及时填报“可能损失通知书”交中国信保。填报时间：政治风险事件已经发生、获悉买方破产或无力偿付债务和买方拒绝收货等情况之日起 10 个工作日内；买方拖欠货款 2 个月内。

（2）一旦损失确定，投保企业填写“索赔申请书”，向中国信保提出索赔申请。

（3）提交有关贸易发生的文件，包括合同（必须提供）、发票、装箱单、提单、往来函电等证明文件。

3.3.1.3 信保融资

如果需向银行申请融资，必须于货物出口后将提单、发票、装箱单全套正本交给银行审核，再由银行将正本单证邮寄给外商。并且，可在取得中国信保的保单后，凭保单向银行申请办理融资手续，最高可融资发票金额的 80%。

3.3.1.4 相关费用

1. 外商资信调查费：一般单次收费。

2. 保险费：以人民币结算，保险费率由中国信保根据外商资信调查结果和信用限额确定。计费公式：货物出口申报美元价值×保险费率

×折算汇率。

3. 如信保项下向银行申请融资，需向银行支付融资利息，按实际发生利息率为准进行计收。

3.3.1.5 信保融资项下综服企业的手续费

在开票结算价中反映（具体由合作双方协商约定）。

表3–3为某综服企业的“出口信用保险操作指引”示例。

表3–3 出口信用保险操作指引（示例）

序号	项目内容	所需资料	注意事项
1	新买家资信报告	将买家的信息，包括名称、地址、电话、注册号、所在国家、买方负责人等提供给信保公司进行资信调查。	调查时间约2周，加急约1周。
2	申请信用限额（可与第1项同步进行）	通过信保公司的网上系统申请限额，提供赊销期限和金额、当前合同金额，以及以往交易记录（交易金额、支付方式）；信用限额审批单的出具，等同于信保公司对该客户在限额内的出口申报承担保险责任。	注意限额的生效日期及闲置期，超过闲置期120天将会被撤销限额，需重新申请。
3	与客户签订委托信保的合同（后附信保公司的保险条款资料）	委托协议书。	如果不涉及融资，则客户与综服企业、信保公司签订有关委托文件（办理补丁手续）。

表3-3 续1

序号	项目内容	所需资料	注意事项
4	赔款转让协议（融资所需）	由信保公司、综服企业、银行三方签订一份赔款转让协议。	注意该协议须在出运前签订，故在确定需要融资时，限额审批确定时通知综服企业进行办理。
5	每次出口前，客户需要向综服企业提供相关资料	（1）委托书（委托综服企业与外商签订合同） （2）外销合同/订单（要求有外商签署）	（1）要求所有贸易往来邮件抄送综服企业邮箱，包括下订单或签订合同，数量、装运期等涉及合同变更的邮件均需抄送综服企业。 （2）外销合同或订单上的买方名称、地址须与限额审批单上的买方名称、地址一致。 （3）要求每笔出口均要提供委托书。
6	出运申报	（1）客户提供发票、装箱单、提单、报关单（如异地报关）。 （2）根据上述（1），通过网上系统向信保公司申报出口情况（需发票号、合同号、报关单号）。 （3）综服企业备存：委托书、外销合同、发票、装箱单、提单、报关单复印件。 （4）如需融资，提供资料时注明“需融资”。	（1）首次出运须在信用限额生效后方可出口。 （2）报关单金额、发票金额、合同（订单）金额须一致。 （3）发票上的买方名称、地址须与限额审批单上的买方名称、地址一致。 （4）提单的ON BOARD DATE日期须准确；提单上的收货人须与限额审批单的买方名称、地址一致。 （5）须批批申报，不能部分申报，以免影响索赔利益。 （6）注意所申报的金额是否在有效限额内。
7	信保公司出具保单	信保公司出具承保通知书、保费计算书、申报单。	在信保通系统中注明期望出具时间及具体融资银行。

表3-3　续2

序号	项目内容	所需资料	注意事项
8	向银行递交融资文件	根据银行要求，递交融资文件。	
9	收汇申报	(1) 综服企业收到对应外汇后，需在网上系统向信保申报对应发票的货款收汇情况。 (2) 核算部在与出口部共用的表格中填写对应客户出口的收汇情况，并复印收汇银行水单给出口部备存。	(1) 外商须将货款汇至指定账户，并且是以限额批单的买家名义汇出，提供汇款底单。 (2) 如有预收订金，订金金额必须在合同中规定具体金额，买方汇出时须全额汇出并提供汇款底单。
10	整理及归档留存各外商的邮件	对各外商的贸易往来邮件作记录，分别汇总整理成电子文档，以备日后发生理赔情况时提供给信保公司。	
11	如外商出现拖欠付款情况	如外商在到期付款之日起30天内发生拖欠的，或其他风险发生之日起10天内，需向信保公司提交“可能损失通知书”，否则信保公司有权降低赔偿比例；如超过6个月内仍未提交可能损失通知的，信保公司有权拒绝赔偿。	由客户协助完成“可能损失通知书”。
12	如发生理赔事件	(1) 综服企业提供上述整套的备存文件，相应外商的贸易往来邮件记录。 (2) 信保公司需要外商向综服企业作出欠款确认（邮件），否则会影响理赔。	协助综服企业让外商确认欠款金额。

表3-3　续3

序号	项目内容	所需资料	注意事项
13	信保业务相关费用	(1) 外商资信调查费：由信保公司计收。 (2) 信保费用：由信保公司根据外商资信度进行核定，计收公式为：信保费用=投保金额×保费率。 (3) 如需融资，按银行实际融资利息计收；综服企业另需加收手续费。	

3.3.2　出口信用保险服务文档模板

下文为某客户委托综服企业办理出口信用保险服务的委托协议书模板示例。

委托协议书

协议号：

甲方：

乙方：××外贸综合服务平台

因甲方业务发展需要，经甲乙双方友好协商，就甲方委托乙方办理出口信保及信保融资业务，达成如下协议：

1）甲方委托乙方以甲方的名义向中国出口信用保险公司申请办理出口信用保险投保业务。甲方确认已清晰了解出口信用保险的背景、作用、投保程序、承保范围、赔付比例、出险索赔程序、保险费用、潜在风险等内容。

2）甲方承诺并保证将全面履行保险单所列明的被保险人各项应尽义

务，否则，因此而导致出口信保公司拒绝承担赔偿责任的风险由甲方承担。

3）甲方委托乙方以甲方名义与甲方指定外商（详见附件）签订出口购销合同，甲方确认已清晰了解每份购销合同项下所述条款内容，承诺必须按每份购销合同项下所述条款内容进行操作，并承担每份购销合同项下的一切盈亏风险、质量纠纷及法律责任；若外商无法履行合同项下的支付货款责任的，则甲方需承担从境外结汇汇给乙方的责任。

4）甲方委托乙方办理每笔出口信保业务时，所提供的有关货物、文件资料等必须真实、完整、准确和有效。

5）乙方根据甲方提供的出口货物资料在货物通关后，及时向出口信保公司申报投保；如出口货物发生出险索赔情况，甲方须尽力协助乙方与保险公司进行交涉，追讨赔付。

6）甲方承诺将督促外商在付款时明确所付款项对应的发票号、合同号。如因外商在付款时未明确所付款项对应的发票号和合同号而导致出口信保公司在定损核赔时无法确定相应损失所属而拒绝承担赔偿责任的，有关理赔不着的风险由甲方承担。

7）甲方与外商对信保项下的出口货物的有关贸易洽谈往来邮件，必须由外商直接抄送一份给乙方指定人员的邮箱，避免日后出口货物出现索赔时，信保公司因无法确定是否存在真实的贸易背景而导致无法理赔，令甲方蒙受经济损失。

8）如甲方因需资金进行营运周转，可委托乙方以乙方名义凭上述中国出口信用保险公司出具的货物保险单，向银行申请办理出口信保融资业务。对每笔融资业务，甲方向乙方提供借款借据及担保书，并同意承担融资款项到期后无条件还款的责任。

9）出口信保业务项下的信保公司及银行的一切费用由甲方负责支付。

10）本协议一式两份，双方经签署盖章日起生效，因履行本协议所发生的或与本协议有关的一切争议纠纷，双方应友好协商解决。

甲方：　　　　　　　　　　　　　　乙方：

法定代表人：　　　　　　　　　　　法定代表人：

日期：　　年　　月　　日　　　　　日期：　　年　　月　　日

附件

委 托 书

委托协议书协议号：　　　　之附件

××外贸综合服务平台：

我司现委托贵司与外商（外商名称：　　　　，外商地址：　　）签订出口购销合同，合同编号：　　　　，总值为　　　　。

本委托书属协议号为　　　　的委托协议书的附件。

特此委托。

公司名称（公章）：

日期：　年　月　日

3.4 综服企业金融服务产品运营模式和实施要点

3.4.1 典型金融服务产品定义

下文为出口金融服务产品定义示例和进口金融服务产品定义示例，分别如表 3-4 和表 3-5 所示。

表 3-4　出口金融服务产品定义示例

产品类别	定义
备货融资（信用证打包贷款）	经综服企业出口，基于企业与海外买家的真实贸易背景，根据其海外买家提供的信用证，用于订单项下备货生产。
信用证买断	经综服企业审核通过的信用证出口业务，可为客户提供应收账款融资，助力企业解决生产资金周转问题及快速回款。
订单赊销	针对赊账销售（O/A）、承兑交单（D/A）出口业务，经外贸综合服务企业审核通过，可为客户提供应收账款融资。
远期外汇保值	以非人民币为交易币种的业务，约定未来一定时间（1~12 个月）的远期汇率和交易金额。在远期外汇生效时期内，不受期间汇率波动的影响，固定使用远期外汇。
中长期出口信用保险	为出口企业收回商务合同项下的应收款项而提供风险保障，承保业务的保险期限一般为 2~15 年。
短期信用保险	为以信用证、非信用证方式出口的应收账款提供收汇风险保障，承保业务的信用期限一般为 1 年以内。

注：各综服企业对上述出口金融服务产品的名称及服务定义可能存在差异。

表 3-5　进口金融服务产品定义示例

产品类别	服务定义
海关综合税融资	通过代理进口服务，可提供关税、增值税等融资，额度及期限依据客户情况而定［根据进口商以往 1 年缴纳的关税（增值税）额给予相对比例的融资贷款］。
进口信用证开证	在审核通过的情况下，客户只需支付约 10%~30%的保证金，即可代开 100%金额不可撤销信用证。
货权质押融资（结合进口信用证开证业务操作）	通过提供进口开证的业务，在审核通过的情况下，可为客户提供货权质押融资，即以客户的货权凭证为质押物向其提供资金融通。

表3-5　续

产品类别	服务定义
进口分销融资（结合代理进口业务操作）	在审核额度内，可为产品销售至下游客户提供分销融资，融资期限最长90天。在客户未付款赎回货权的情况下，综服企业依据客户指示与其下游客户签订销售合同，将货权转移给下游客户。如下游客户付款期限超出对外承付日，客户应支付资金使用费。

注：各综服企业对上述进口金融服务产品的名称及服务定义可能存在差异。

3.4.2　金融服务产品运营模式和实施要点

下文为某综服企业的出口金融服务产品和进口金融服务产品运营模式和实施要点示例，如表3-6和表3-7所示。

表3-6　出口金融服务产品运营模式和实施要点示例

产品类别	费用标准	对客户的益处	申请条件/风控指标	资料要求	备注
备货融资（信用证打包贷款）	年化利率15% RMB1000/开证行 参考保险费率	解决备货资金压力，提高企业接单能力	（1）企业注册成立2年以上； （2）已使用退税融资产品（可选）； （3）与同一海外买家有过2次以上良好的历史交易记录，收汇正常； （4）最高上限为信用证金额80%，最长期限为90天； （5）开证行通过中国出口信用保险公司等机构额度审核。	（1）买家资信相关资料； （2）供应商资信相关资料； （3）往来历史交易记录； （4）信用证正本。	报关费用及物流费用以双方书面确认为准。

表3-6 续1

产品类别	费用标准	对客户的益处	申请条件/风控指标	资料要求	备注
信用证买断	年化利率11% RMB1000/开证行 RMB200/次 RMB100/次 货值的0.125% USD18～60/次 USD30～80/次	帮助企业控制信用证风险，同时提供出口报关后资金融通。	(1) 综服企业为信用证第一受益人； (2) 信用证单证相符，开证行资信良好； (3) 单笔不超过信用证金额的80%，最长期限不超过90天； (4) 信用证中不存在“软条款”； (5) 开证行通过中国出口信用保险公司等机构额度审核。	(1) 买方资信相关资料； (2) 信用证买断协议； (3) 信用证正本； (4) 信用证中需要的相关文件。	报关费用及物流费用以双方书面确认为准。
订单赊销	年化利率15% RMB1000/买家 参考保险费率	提前回款，提升资金周转率	(1) 海外买家历史付款记录良好； (2) 综服企业为直接收汇方； (3) 订单赊销的账期小于120天； (4) 购买中国出口信用保险公司买家信用险； (5) 单笔不超过应收款金额的80%，最高150万元。	(1) 买方资信相关资料； (2) 供应商产品品质保证； (3) 交单文件。	报关费用及物流费用以双方书面确认为准。

表3-6　续2

产品类别	费用标准	对客户的益处	申请条件/风控指标	资料要求	备注
远期外汇保值	0 银行保证金=交易金额×远期外汇价格×单笔风险系数	锁定汇率，规避远期外汇风险	(1) 订单交易情况； (2) 预期收汇/付汇资料； (3) 收、付汇通过综服企业账户； (4) 进出口通过综服企业进行操作。		美元、港元风险系数4%，其他币种风险系数15%。

表 3-7　进口金融服务产品运营模式和实施要点示例

产品类别	费用标准	费用明细	对客户的益处	申请条件	资料要求	备注
海关综合税融资	年化利率12%	资金使用费	垫付税金，缓解资金压力。	进口通关、付汇、物流必须通过完成。	通关资料	报关费用及物流费用以双方书面确认为准。
进口信用证开证	小于等于0.8%	开证费	小资金撬动大贸易，缓解资金压力	(1) 信用证条款及合同条款、产品价格经审核通过； (2) 企业资信情况经审核通过。	信用证草本、合同草本、企业资信相关资料。	报关费用及物流费用以双方书面确认为准。
	实销，约0.15%	银行手续费				

表3-7 续

产品类别	费用标准	费用明细	对客户的益处	申请条件	资料要求	备注
货权质押融资（结合进口信用证开证业务操作）	年化利率12%	资金使用费	可分批提货，缓解资金压力	（1）满足信用证开证条件； （2）如融资期限超过货物到岸14天，需仓储可控，仓储费由客户承担。		报关费用及物流费用以双方书面确认为准。
进口分销融资（结合代理进口业务操作）	年化利率15%	资金使用费	小资金撬动大贸易	（1）满足相应代理进口业务条件； （2）下游客户需通过额度审核。	（1）下游客户资信的相关资料； （2）与下游客户订立的合同。	报关费用及物流费用以双方书面确认为准。
	小于等于1%	保费				

4

外贸综合服务，如何管控风险？

综服企业的风险控制是重中之重！

一旦风险控制体系的设计出现偏差，可能对综服企业的盈利产生重大影响，甚至影响企业的生存。

下文以笔者为某综服企业设计的风险控制体系为例，简要介绍综服企业风险管控。

4.1　综服企业日常事务风险管理示例

4.1.1　合同管理

4.1.1.1　职责划分

营销部、客服部负责各自业务范围内的合同的整理、归档、借阅管理。营销部负责合作框架协议的整理、归档、借阅管理工作；客服部负责其他业务合同的整理、归档、借阅管理工作。风控部负责监控合同管理的全流程并负责定期稽核，确保合同管理合规。

4.1.1.2　合同管理的范围及内容

综服企业所有的合同均须纳入规范合规管理范围，均须及时整理、归档。

相关部门责任人及其部门经理对本部门的合同管理负责。

合同的评审严格按照合同的签署流程交相关部门评审并给出具体意见，再由法律咨询处作出最后评判。

4.1.1.3 合同的传递与回收

在正式签订合同之前必须严格执行评审程序，评审方式可以是会议形式，也可以是文件传递形式。

所有的合同评审必须给出结论性意见，报分管领导审核或审批，合作框架协议等重大合同须报集团审批。

合同一旦签订，各业务部门必须严格、认真地执行合同的相关条款，维护公司的合法权益，发展客户与相关方的关系。

合同的执行情况应及时反馈至法律咨询处，以便对合同的执行情况进行必要的法律跟踪服务。

法律咨询处应该及时总结合同评审与合同执行的情况，持续改进合同的评审工作。

合同的传递必须确保可追溯并记录在案，合同发出给客户后，须在15个工作日内追回并及时归档。

如果合同因故作废，必须将合同原件回收并盖“作废章”封存。

4.1.1.4 合同的保存

合同档案须在专门设施集中存放，存放地应装有防盗门和铁栅栏窗，配备灭火器具，符合防火、防盗、防鼠（虫）及防潮等要求。

风控部全面负责单证的安全防范工作，确保合同的完整性和安全性。

合同一经封存入库，不得随意更换。

合同文档须保存至少3年以上。

4.1.1.5 合同的归档检查与责任追究

风控部经理应定期对合同档案管理工作进行检查，对于未按规定进行合同档案归档的相关责任人进行批评并要求其改正；对于造成合同资料丢失、损毁的，酌情对相关责任人进行处罚。

4.1.2 单证管理

4.1.2.1 职责划分

客服部负责日常业务单证档案的整理、归档、借阅管理；财务部负责金融单证的整理、归档、借阅管理。风控部负责监控单证管理的全流程并负责定期稽核，确保单证管理合规。

4.1.2.2 单证的归档范围及内容

本书所述单证管理中的“单证”，包括国际贸易合同签订、履行过程（货物交付、运输、保险、检验检疫、通关、结算等各环节）中所用的各种单据、文件、证书等。

综服企业所有进出口业务的订舱、报关、报检、议付等单证资料均须归档保存，各业务形式的单证档案资料均在归档管理的范围内。

4.1.2.3 单证的制作

单证的制作必须坚持“完整、及时、正确、合理、清晰”的原则。所有的单证必须设置审核岗位，确保提交的相关单证的正确性。

单证制作须坚持“单单一致、单货一致、单证一致”。单证制作人员对相关原则把握不清的，须及时向客服部经理报备确认。

在单证的制作过程中，对货物的基本情况不清楚的，须及时与客户书面确认，不能随意制作毫无依据的单证。

4.1.2.4 单证归档的要求

离职、调职、转岗等岗位变动原因造成的工作交接，应该列明单证交接清单，尤其是对未来工作有直接联系的单证，在未交接清楚之前，相关人员不得离职、调职、转岗。

单证管理中须对重要单证注明正本、复印件。

业务单证根据客户类别归档，并根据时间顺序归类整理成档。每月的业务单证要整理后做好目录，并妥善封存，方便后续查找。

4.1.2.5 单证的存放要求及保管期限

单证档案须在专门设施集中存放，存放地应装有防盗门和铁栅栏窗，配备灭火器具，符合防火、防盗、防鼠（虫）及防潮等要求。

风控部全面负责单证的安全防范工作，确保单证的完整性和安全性。单证一经入库，不得随意更换。

单证应自办结海关手续之日起至少保存 3 年。

作为会计档案原始凭证类的单据（包括外来原始凭证和自制原始凭证）的保管期限为 15 年。(建议此类相关单据由财务部门单独保管)

4.1.2.6 单证的归档检查及责任追究

风控部经理应定期对单证档案管理工作进行检查，对于未按照规定进行单证档案理单、归档的相关责任人进行批评并要求其改正；对于造成单证资料丢失、损毁的，酌情对相关责任人进行处罚。

单证制作造成重大清关问题的，追溯单证制作人员及其主管的相应责任。

4.1.3 印章管理

4.1.3.1 职责划分

行政人事部负责综服企业所有印章的整理、归档、借用管理。风控部负责监控印章管理的全流程并负责定期稽核，确保印章管理合规。

4.1.3.2 印章的范围

所有涉及综服企业业务流程的印章均纳入印章管理的范畴。

业务过程中使用的原件章、时间章、作废章、报关专用章、英文章、业务专用章等，均须提前集中报行政人事部备案，并由公司批准后统一制作。

部门或个人不得擅自启用未经批准的各种业务印章。

长期不用的业务印章不能随意丢弃，必须及时交由行政人事部统一封存。

4.1.3.3 印章的管理规范

印章实行“专人专管、盖章登记”的管理制度。所有印章的使用，必须坚持印章审批表签核制度。

严格禁止空白盖章。作废的盖章文件必须及时回收。

4.1.3.4 印章的检查与责任追究

风控部经理应定期对印章管理工作进行检查，对于未按照规定进行印章管理的相关责任人进行批评并要求其改正；对于造成印章丢失、乱用印章的，酌情对相关责任人进行处罚。乱用印章造成严重后果的，追究其相应的经济责任。

4.1.4 授权管理

4.1.4.1 准入授权

信息部根据平台实际作业情况对部分软件设置准入授权，严把准入关。

不同的职务层级设置不同的职务等级，根据实际业务流程设置不同的权限。不同的业务部门根据实际业务情况设置不同的权限。

相关信息系统必须设置用户名和密码。密码不能过于简单，必须按照安全管理的要求定期更换。

公共用户名和密码必须确保使用人可以追溯。

4.1.4.2 职务授权

行政人事部根据平台实际作业情况制定针对各业务部门主管人员的第一职务代理人和第二职务代理人。

第一职务代理人在主管人员缺席期间行使主管人员的职责，当主管人员和第一职务代理人同时缺席时，由第二职务代理人轮替。

4.1.4.3 授权责任追究

风控部经理应定期对授权管理工作进行检查，对于未按照规定进行授权管理的相关责任人进行批评并要求其及时改正；对于授权不当、越权处理等违规行为，追究相关责任人的责任。

4.1.5 证件管理

4.1.5.1 职责划分

行政人事部负责综服企业所有证件的整理、归档、借阅管理。风控部负责监控证件管理的全流程并负责定期稽核，确保证件管理合规。

4.1.5.2 证件的管理范围

所有涉及综服企业业务流程的证件均纳入证件管理的范畴。其他非综服企业业务流程中的证件参考公司的行政管理制度执行。

4.1.5.3 证件的管理规范

证件实行“专人专管、借用登记、及时归还”的管理制度。

所有证件的借用必须坚持证件借用审批表签核制度。

综服企业所有证件的保管坚持登记造册制度，根据证件名称、主管机关、有效年限、使用范围分别登记编号造册。

证件遗失须根据相关的法律规定及时办理登报作废，并向证件的主管机关申请补办。

证件到期前，必须及时办理延期手续，避免影响业务操作。

4.1.5.4 证件原件检查与责任追究

风控部经理应定期对证件管理工作进行检查，对于未按照规定进行证件管理的相关责任人进行批评并要求其改正；对于造成证件丢失、损毁的，酌情对相关责任人进行处罚。

4.1.6 信息管理

4.1.6.1 职责划分

信息管理对于综服企业具有重要的意义。营销部负责外部信息管理的相关工作，信息部负责内部信息管理的相关工作。

其他部门配合营销部和信息部做好信息管理工作，确保公司信息畅通。

4.1.6.2 外部信息收集

外部信息收集是指收集来自公司外部与综服企业相关的信息，其中包括通过互联网收集的国内外的各类信息。

营销部负责统筹和管理外部信息收集工作，包括客户需求、询价、投诉等信息的接收。

财务部负责协助提供财务资讯和相关的财税信息。

客服部负责协助提供通关、物流、信用保险、货物保险、金融服务的相关信息。

风控部负责协助提供风险控制、行业动态的相关信息。

营销部经理根据实际情况判断信息的可靠性、及时性，以及价值属性。

4.1.6.3 外部信息整理

营销部在收集到信息后的 1 个工作日内，根据客户信息、市场信息、产品信息、技术信息、其他信息等类别，对相关的信息进行归纳和整理。客户投诉信息和售后服务信息优先整理。

信息的整理和分类要坚持以科学性和准确性为原则，并编制信息文件。

外文信息须及时翻译，整理成文件。

分类的信息须由综服企业总监审定并报公司总经理批准。

4.1.6.4 外部信息发布

应该按照分类要求和领导的批示，将信息分发到各相关部门。对外宣传信息或营销信息，可以通过公司互联网站及时发布。

信息的传递要坚持及时性原则，对非常紧急的信息要跟进到位、及时发布。

对于需要保密的信息，要坚持保密原则。

4.1.6.5 内部信息管理

内部信息管理主要是指内部的信息文件、邮件信息和工作信息等相关信息的管理和控制。

内部信息要做到严格保密，相关部门的核心信息非该部门的员工不得接触。

公司核心机密数据必须做好加密工作，非授权人员不得获取。各部门主管人员对内部信息保密事项负责。

所有的内部程序文件和软件系统必须尊重知识产权，使用正版软件或开源程序，避免引起知识产权纠纷。

所有的信息文件必须做好备份工作，备份文件存放在服务器或安全的备份空间。备份工作每周必须至少进行一次。

邮件信息必须定期备份，备份工作每周必须至少进行一次。

必须做好信息安全工作，确保平台信息不会被外部系统控制或监控，确保防火墙不被外部系统入侵。

信息部对综服企业的信息安全负责。

4.1.6.6 信息工作总结

营销部根据所收集的信息的实用性和价值，以及各部门的改进意见做定期总结，确保后续提供更有价值的信息。

营销部对计划期内的外部信息管理工作进行总结。

信息部对内部信息管理做定期总结，确保后续信息管理工作的效率。

4.1.7 培训管理

4.1.7.1 职责划分

外贸业务培训在综服企业内部控制与风险管控中占据非常重要的地位。行政人事部负责领导和组织相关培训工作，其他业务部门积极配合，确保完成公司的业务目标。

行政人事部负责编制详细的、可操作的培训计划。其他业务部门根据部门职责职能，提报培训需求。

4.1.7.2　培训计划

每年度年底，行政人事部培训专员根据综服企业的业务规划和未来年度目标，拟订年度培训计划并发送各业务部门讨论。

各业务部门根据本部门的人力资源情况和实际业务需求对行政人事部提出的年度培训计划作出修改并交回培训专员。

培训专员汇总各部门的具体需求，并结合综服企业的经费预算报行政人事部和公司领导层批准。

年度培训计划确认后发送各相关部门知悉。

年度培训计划必须及时编制，且具有可操作性。

4.1.7.3　组织培训

行政人事部按年度培训计划组织公司的各项培训，确保提升各业务部门的综合素质，确保完成公司的业务目标。

行政人事部培训专员通知各相关业务部门，派员参加公司的相关培训。

相关业务部门应派员参加培训并做好相关的准备工作，各业务部门主管人员负责督导培训的开展并给予大力支持。

受训员工按指定时间、地点参加培训，并做好课程的记录、总结和反馈工作。

培训结束后，每位受训员工根据培训的情况，编写培训总结报告。各业务部门主管对受训员工的总结报告进行审核。

人力资源部对受训员工的总结报告进行审核。

4.1.7.4　培训考核与考核评分

每次培训结束后，行政人事部组织培训考核工作。相关业务部门配合行政人事部做好培训考核工作。

受训员工按指定的时间、地点和方式参加培训考核。

根据考核情况，行政人事部与受训员工所在业务部门共同对考核进行评分。

培训考核应该及时并做到“公开、公平、公正”。

考核结束后，如有必要，培训专员对受训人员开展面谈。

4.1.7.5 考核存档与总结

行政人事部将培训考核结果写入员工的培训总结。

行政人事部将培训考核结果作为公司的重要人事档案存档，作为绩效考核的重要依据。

行政人事部将所有的培训资料、课件、培训考核、培训总结整理成公司培训档案，作为后续开展培训的参考。培训专员应及时收集各业务部门对培训效果的动态分析，并及时更新、修改培训计划。

4.1.8 风险控制数据库

风险控制数据库是综服企业的风险防控综合资料库，由风控部经理主导建立，根据不同的客户、不同的产品、不同的区域、不同的贸易方式、不同的结算方式等具体情况，对企业进出口数据和相关行业状况进行分析统筹，建立与综服企业相适应的系统风险控制数据库。

风险控制数据库有利于降低平台操作风险，防止综服企业出现系统性风险。

风险控制数据库随着平台进出口操作逐步更新。

在准入控制、业务评估、报关协作、出口退税、退税融资等相关环节中出现的风险因素或异常数据，根据相关规定，均须及时录入风险控制数据库。

风险控制数据库文件属于平台核心机密文件，相关管理程序须严格参考信息管理程序，切实做好保密工作。

风控部可从企业基础情况调研评估、日常报关、日常业务操作等相关环节梳理企业的基本信息资料，汇总成风险控制数据库。

4.1.9 审计管理

4.1.9.1 职责划分

审计部门主要负责公司的内部审计，为有效实现既定的审计目标而进行一系列计划、决策、组织、指挥、协调和控制等活动的管理。

4.1.9.2 审计计划

审计部门制订审计计划，组织计划实施，并对计划执行情况进行检查、考核，评价计划执行结果。

4.1.9.3 审计风险

风险无处不在，审计部门应识别来自各项工作中的潜在风险，充分估计各种风险及可能导致风险的各种因素，并采取有效的措施来加以防范和控制，将审计风险降低至最低水平。

4.1.9.4 归档检查与责任追究

内审部经理应定期对审计档案管理工作进行检查，对于未按照规定进行审计档案整理、归档的相关责任人进行批评并要求其改正；对于造成审计资料丢失、损毁的，酌情对相关责任人进行处罚。

如发现审计工作人员存在重大问题，公司应当按照相关规定追究责任，对相关责任人进行处罚。

4.1.10　准入控制流程

4.1.10.1　综服企业准入控制流程示例

综服企业准入控制是指综服企业对某一类业务设定标准和控制流程，以便判定是否承接相关业务。

准入控制属于综服企业管理的核心环节，准入控制一旦落空，综服企业的风险敞口将被放大。

图 4–1 为综服企业准入控制流程示例。

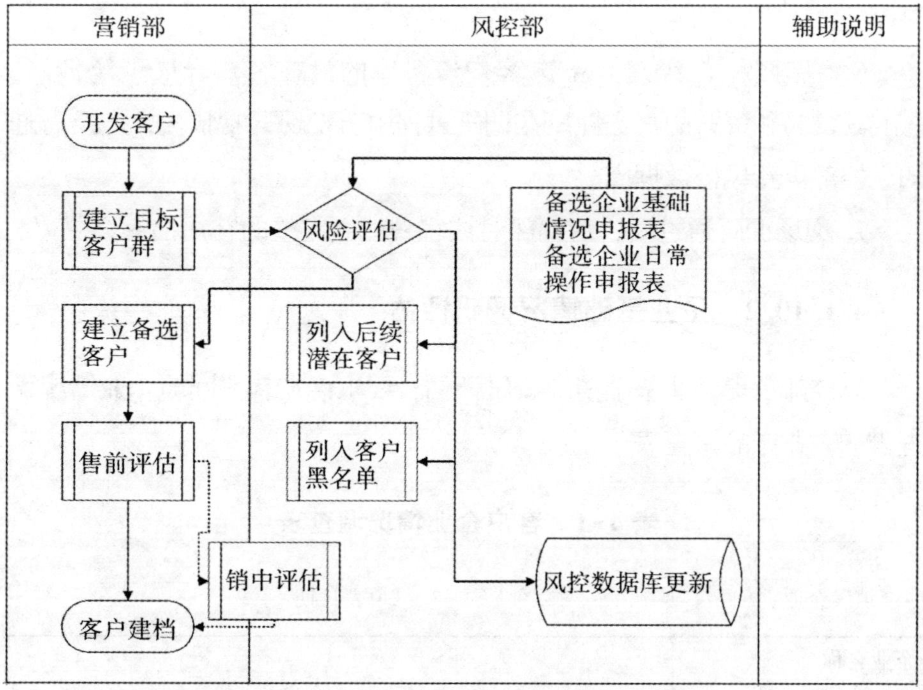

图 4–1　综服企业准入控制流程示例

综服企业准入控制流程示例说明：

1. 营销部开发新客户，并对潜在客户根据其注册地址建立客户编号，方便后续追溯，客户编号一旦确认，不再变更，成为后续跟单的重要依据。

2. 风控部要求潜在客户提供企业情况调查表和企业产品调查表，并根据风险控制原则和准入相关条件判定企业的风险状况。

3. 对于不符合风险控制原则和准入相关条件的企业，风控部将其列入潜在客户名单，以备后续继续跟进。

4. 对于企业基础情况调研评估过程中存在失信或造假行为的潜在客户，风控部将其列入黑名单，后续不再继续准入。

5. 营销部在风控部完成对潜在客户的企业基础情况调研评估后，及时收集潜在客户的相关资料、订单信息、工厂资料，建立备选客户资料库。

6. 营销部对已经建立备选客户资料库的潜在客户开展现场调研，核实其贸易和资料的真实性。在调研过程中若发现异常状况，应及时通知风控部更新风控数据库。

7. 现场调研通过后，营销部对该客户建立完整的客户档案。

4.1.10.2 企业基础情况调研评估

风控部负责企业基础情况调研评估，要求潜在客户回填企业情况调查表和企业产品调查表。

表 4-1 客户企业情况调查表

填表企业： 填表日期：

企业名称			
企业名称（英文）			
企业经营地址			
公司种类	（有限责任公司，私营企业或合伙企业）		
工商注册号		注册日期	
经营范围			

表4-1 续1

注册地址			
组织机构代码			
注册资金		投资总额	
海关注册编码		主管海关	
人员情况	管理人员		
	生产人员		
	研发人员		
邮政编码		电话号码	
公司网址		电子邮件	
投资人国别		传真	
法定代表人		电话/传真/E-mail	
总经理		电话/传真/E-mail	
业务负责人		电话/传真/E-mail	
财务主管		财务主管电话	
仓库主管		仓库主管电话	
报关主管		报关主管电话	
开户银行名称		开户银行账号	
发票类型和税号			
企业守法情况	(最近三年是否受到工商、税务、海关、外汇、商务、公安等政府部门处罚)		
是否有质量管理体系(含手册和支持文件)	(如果是，请说明是哪一种国际标准、认证的范围、取得认证的时间及有效期)		
产品或服务所具备的其他认证和证书			
是否进行工作期间以及非工作期间的风险评估			

表4-1　续2

存在关联企业	是	（如存在，加以描述）	
	否		
厂房产权性质	租赁	（涉及民事法律纠纷）	是
	自建		否
资产抵押 & 贷款情况			

此外，须提供以下随附资料：

1. 公司简介；
2. 企业营业执照正副本；
3. 海关进出口货物收发货人注册登记证书正本；
4. 银行开户许可证；
5. 安全生产许可证；
6. 特许经营许可证；
7. 一般纳税人资格证；
8. 法定代表人身份证；
9. 总经理（实际控制人）身份证；
10. 水电费单据（金融服务时提供）；
11. 组织架构图；
12. 其他通过的行业相关认证；
13. 企业设备清单（备注自购或租赁）；
14. 企业厂房产权证明资料（产权证明或租赁合同）；
15. 最新的年度审计报告复印件，必须包括资产负债表、损益表、现金流量表。

表 4–2　客户企业产品调查表

填表企业：　　　　　　　　　　　　　填表日期：

产品名称	
生产厂家	
海关商品编码	
产品的品牌	
产品品牌所有人	
产品的型号	
产品的主要用途	
材料采购来源地	
产品的主要出口国（地区）	
产品的制作工艺	
产品的净重/毛重/包装方式	

此外，须提供以下资料：

1. 产品主要功能说明书或相关技术参数资料；
2. 产品实物整体外观图片；
3. 产品实物铭牌（吊牌、标签、品牌）图片；
4. 产品实物内包装图片；
5. 产品实物外包装（侧唛和主唛）图片；
6. 海关需要的其他申报要素补充资料。

（注：须承诺以上提供的资料全部属实，如提供虚假资料，本公司愿意承担因此产生的一切法律后果。）

4.1.10.3　企业现场考察

必要的情况下，营销部在风控部完成企业基础情况调研评估并通过的前提下，对潜在客户启动企业现场考察程序。

现场考察主要是指针对企业的运营状况及其产品的实地考察，审核其产品的价值与外观状况是否与提交的相关资料相符。

在审核过程中，经客户同意，参观其加工工艺与产品流水线，了解供货来源、产品的加工过程及产品的物流流向。

经客户同意，营销部专员可在现场拍摄相关产品的全面资料，以便建立完整的资料库，营销部经理对相关评估工作进行相关指导。

4.1.10.4 准入控制流程风险控制关键因素

营销部负责准入控制流程跟单，风险控制关键因素如表 4-3 所示。

表 4-3 准入控制流程风险控制关键因素表

客户名称	
客户编号	
企业情况调查（通过/不通过）	
企业产品调查（通过/不通过）	

4.2 综服企业框架协议签约控制示例

在满足准入条件的情况下，综服企业按签约控制流程与客户签订框架协议。

4.2.1 框架协议签约流程示例

图 4-2 为综服企业合作框架协议签约流程示例。

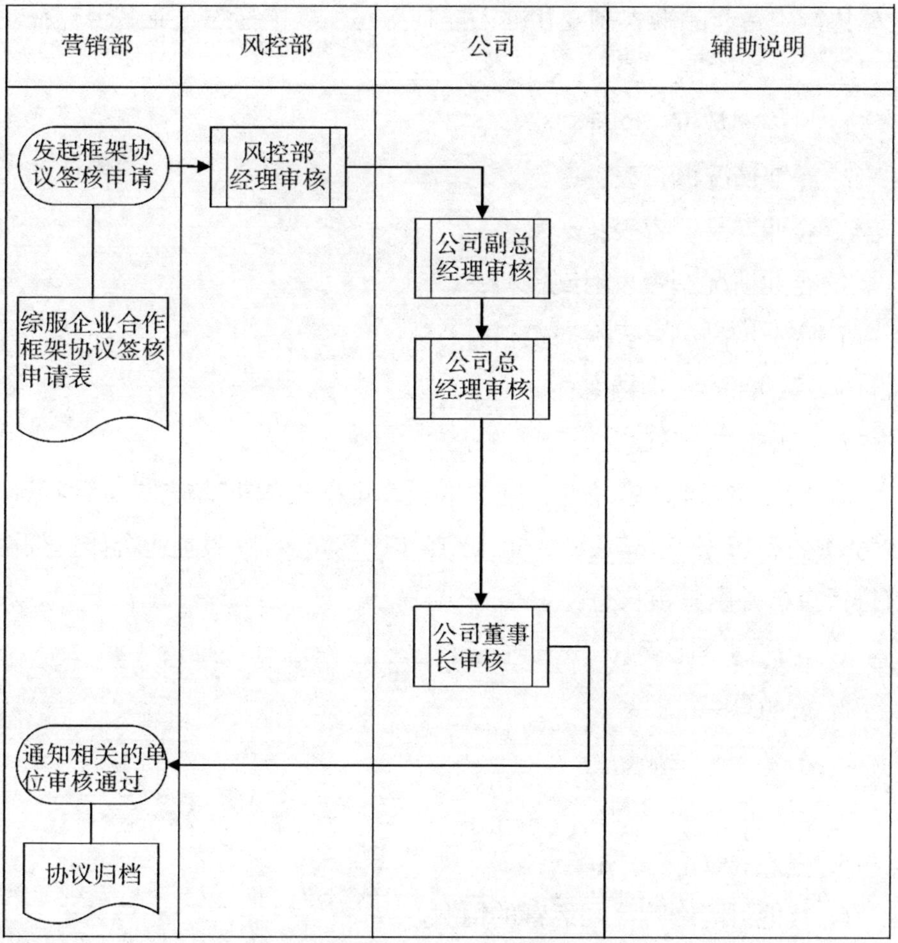

图 4-2 综服企业合作框架协议签约流程示例

综服企业合作框架协议签约流程示例说明：

完成准入控制的相关程序后，营销部负责牵头发起综服企业合作框架协议签核申请。

风控部风控专员负责验核综服企业合作框架协议的具体内容，验核前期的企业基本情况评估和现场考察资料。若无问题，风控专员应及时递交相关资料供风控部经理审核批准。

风控部经理主要从风险控制角度出发进行审核，复核相关部门是否严格执行平台产品准入制度和准入控制流程，复核签约企业是否存在重大风险。审核依据主要为：

1. 风控部数据库文件；
2. 企业情况调查表；
3. 企业产品调查表；
4. 企业情况调查表附属资料；
5. 企业产品调查表附属资料；
6. 营销部的营销档案；
7. 其他相关资料。

公司副总经理、总经理、副董事长、董事长根据客户的实际状况，参考风控部经理的审核建议，重点结合以下情况对综服企业合作框架协议进行审核并出具审核意见：

1. 客户的企业背景（外资企业/民营企业/国有企业）；
2. 贸易真实性；
3. 未来交易金额；
4. 客户的营业范围；
5. 客户的收汇方式；
6. 其他可能影响公司运营的情况。

公司副总经理、总经理、副董事长、董事长如果认为综服企业合作框架协议中存在重大的风险隐患，可要求相关部门补充更新资料，或中止签约程序。

营销部应及时将框架协议快递到客户处签署，并及时回收存档。

签约完成后，营销部通知各相关部门审核通过，可以启动后续的相关业务操作程序。

4.2.2　框架协议管理

协议签订是综服企业极其重要的流程，必须非常慎重，确保合规。

签约不能随意使用空白合同，空白范本必须报集团批准后才能采用。综服企业合作框架协议可参考对应客户手册中的标准范本，若有更新，以最新的版本为准。

营销部负责根据标准合同范本的内容拟订相关协议，并根据框架协议签约流程交由相关单位审核并报送集团备案。

营销专员负责跟进协议签约的进度，营销部经理负责协助完成工作。

框架协议签核完毕后，将正本一式四份快递至客户处签核，并及时收回其中两份正本存档，一份存综服企业保管备查，一份送集团留存。框架协议的保存办法参考日常管理中的合同管理方式执行。

4.2.3 框架协议签核申请表

综服企业合作框架协议签核申请表如表 4-4 所示。

表 4-4 综服企业合作框架协议签核申请表

拟稿部门		拟稿人		日期	
框架协议名					
签约公司名称					
洽谈人员签名					
部门审核意见		总经理审核意见			
拟稿意见		副董事长审核意见			
风控部审核意见		董事长审核意见			
副总经理审核意见					
备注					

4.2.4 框架协议签核流程风险控制关键因素

营销部负责框架协议签核流程跟单，风险控制关键因素如表 4-5

所示。

表 4-5　框架协议签核流程风险控制关键因素表

客户名称	
客户编号	
服务种类	
框架协议编号	

4.3　综服企业业务评估流程示例

4.3.1　业务评估流程示例

图 4-3 为综服企业业务评估流程示例。

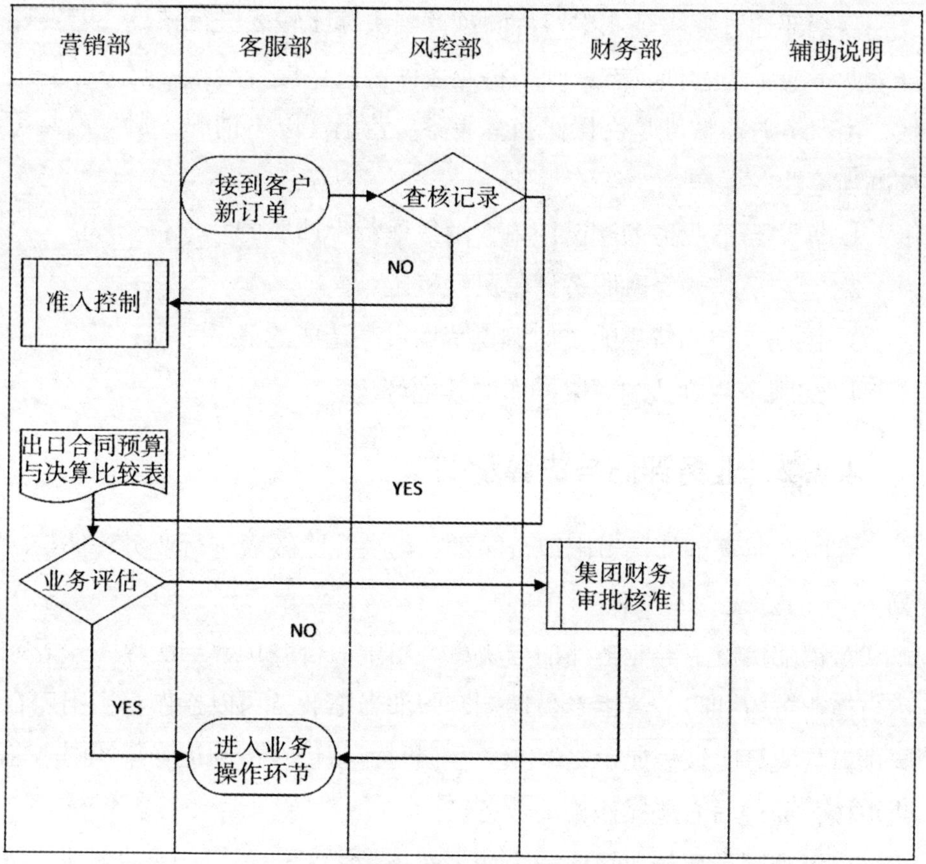

图 4-3　综服企业业务评估流程示例

综服企业业务评估流程示例说明：

接到客户订单后，客服部将业务评估资料交风控部核查。

风控部核查客户的准入控制资料，若确认已通过准入控制程序，则由营销部进行平台业务评估流程。

风控部若发现准入资料有重大错误或无相关准入数据的，须将业务评估资料退回给客服部并通知营销部重新安排申请准入控制流程。

营销部接到业务评估资料后，通过综服企业出口合同预算与决算比较表分析盈亏平衡，若当笔业务显示为盈利状态，则签核业务评估资料并通知客服部，由客服部进入相关业务操作环节。

营销部通过综服企业出口合同预算与决算比较表进行核算，若发现当笔业务显示为亏损状态，则须将业务评估资料提交给集团财务总监审核，由财务总监核准是否操作当笔业务。若出现以下情况，财务总监可核准当笔业务操作：

1. 客户当笔业务为测试订单，由数量较小造成的亏损；
2. 客户后续的金融服务订单已经确定；
3. 由准入控制费用或资信调查费用过高造成的业务亏损；
4. 综服企业确认的可以操作的其他客户。

4.3.2 业务评估与决算示例

综服企业营销部通过出口合同预算与决算比较表进行业务评估与决算。

营销部负责主导业务评估与决算。当出口合同预算与决算比较表显示当笔业务盈利时，营销专员通知客服部当笔业务可以操作；当出口合同预算与决算比较表显示当笔业务亏损时，营销专员须提交集团财务总监审核，通过后方能操作相关业务。

出口合同预算与决算比较表如表4-6所示。

表4-6 出口合同预算与决算比较表

预算单编号（与合同号相同）				预算日期	
经办人		录入人		委托方	
客户名称				包装形式	
商品名称（英文）				商品名称（中文）	

表4-6 续1

序号	项目	预算情况	决算情况	差异	序号	项目	预算情况	决算情况	差异
1	出口单价（USD/KGS）				14	含税采购单价销售指导价（RMB/KGS）			
2	数量（KGS）				15	单位包装和运输附加费			
3	销售金额（1）*（2）				16	采购总价（2）*（14）			
4	交易条件（贸易术语）	FOB			17	进项税税率（17%或13%）			
5	结汇方式（LC/TT/DA/CAD）	T/T			18	出口退税率			
6	约定收汇账期/实际收汇账期				19	出口退税金额（16）/［1+（17）］*（18）			
7	预期结汇汇率/实际结汇汇率				20	约定付款账期/实际付款账期			
8	佣金比率				21	采购存货成本（16）-（19）			
9	佣金美元总额（3）*（8）				22	资金占压天数（6）-（20）+15			
10	预期结汇收入［（3）-（9）］*（7）				23	内部约定资金利率（7.5%）			
					24	退税服务费率			
					25				
					26	预计退税天数			

表4-6　续2

	收入核算					成本核算			
11					27	资金占压利息（22）/360＊（23）＊（16）			
12	退税融资收入				28	港杂费			
13	其他收入				29	海/空运费（RMB）			
					30	保险费（RMB）			
					31	代理服务佣金			
					32				
					33				
					34	垫贴退税占压利息			
					35	服务税费	营业费		
					36	印花税			
					37	其他费用			
	包含本次出运已使用额度		客户授信额度			尚可使用额度			
	总收入					总成本			
						利润			

出口合同预算与决算比较表说明：

销售报价，默认单位为美元，如为其他交易币种，请修改注明。

销售数量，以实际客户成交单为准。

销售金额，系统自动计算项，计算公式为销售价格×销售数量。

交易条件，INCOTERMS 2010，CIF、FOB、CFR、CIP、DDU、DDP等。

结汇方式，LC、TT、DA、DP、CAD 等。

结汇期限，以出运提单日起算，单位为天。

结汇汇率，预计的结汇日的远期汇率，以财务部定期发布的远期汇率为参考。

佣金比率，基于销售金额的百分比例，如为固定佣金额，以空白表示。

佣金美元总额，系统自动计算项，计算公式为销售金额×佣金比率；如为固定佣金额，可以手动填入佣金额。

结汇收入，系统自动计算项，计算公式为（销售金额-佣金美元总额）×结汇汇率。

海运费，一般以人民币计，海运费询价若为美元，则根据当期汇率折算成人民币。

空运费，一般以人民币计，正常情况下海运费和空运费二者只选其一。

保险费，系统自动计算项；以销售金额的110%投保，保费0.1%，汇率以远期汇率的1.05计；遇到客户承担保费的情况，直接手动填入0。

实际收入，系统自动计算项，计算公式为结汇收入-海运费-空运费-其他。

采购总价，系统自动计算项，计算公式为数量×采购单价。

进项税税率，根据海关监管目录对应的税率确认。

出口退税率，根据海关监管目录对应的退税率确认。

出口退税金额，系统自动计算项，计算公式为采购总价/（1+进项税税率）×出口退税率。

付款期限，对工厂的采购付款账期，以交货日计算。

采购存货成本，系统自动计算项，计算公式为采购总价-出口退税金额。

资金占压天数，系统自动计算项，为约定收回账期-付款账期+15；15天为考虑交货日到提单日结汇的银行操作时间。

内部约定资金利率，以7.5%计，月度资金占压成本为0.5%。

资金占压利息，系统自动计算项，为资金占压天数/360×内部约定资金利率×采购总价。

港杂费，以人民币计。

银行手续费和其他费用，以人民币计。

总成本，系统自动计算项，计算公式为采购存货成本+资金占压利息+港杂费+银行手续费和其他费用。

利润总额，系统自动计算项，计算公式为实际收入-总成本。

考核利润，系统自动计算项，计算公式为实际收入-采购存货成本。

销售利润率，系统自动计算项，计算公式为利润总额/实际收入。

4.3.3 业务评估流程风险控制关键因素

营销部负责业务评估流程跟单，风险控制关键因素如表4-7所示：

表4-7 业务评估流程风险控制关键因素表

客户名称	
客户编号	
企业情况调查（通过/不通过）	
企业产品调查（通过/不通过）	
服务种类	

4.4 综服企业合同签署风险管理示例

4.4.1 合同签署流程示例

本节所述“合同签署”中的“合同”专指“外贸综合服务企业出

口委托协议”“外贸综合服务企业购货合同”。须从贸易合规的角度，确保合同签署的流程符合相关规定，确保业务流程顺畅和后续工作的顺利开展。

图 4-4 为综服企业合同签署流程示例。

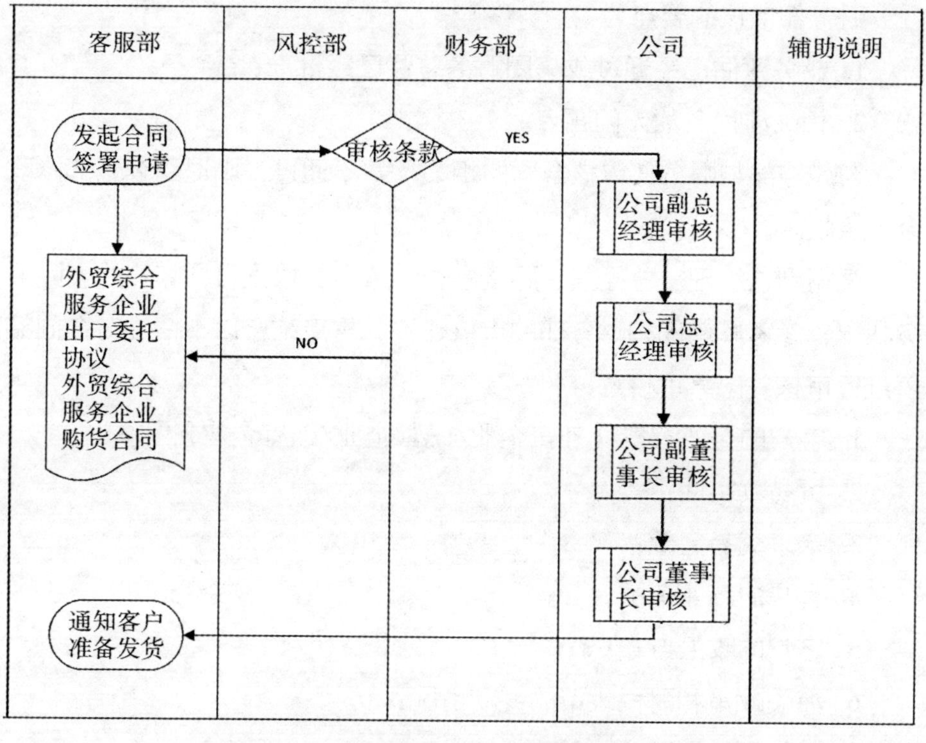

图 4-4　综服企业合同签署流程示例

综服企业合同签署流程示例说明：

客服部发起合同签署申请，按照综服企业合同送审程序分别交由风控部和财务部审核。

若客户要求退税融资，客服部发起“外贸综合服务企业出口委托协议”和“外贸综合服务企业购货合同”。

风控部的审核要点为：

1. 严格遵守准入程序作业的客户；

2. 业务评估资料符合流程；

3. 客户的基本面未发生重大的改变；

4. 相关政策未作出调整；

5. 相关合同条款无问题点。

财务部审核的要点为：

1. 业务评估已经通过或集团财务总监已经批准；

2. 相关涉税条款无问题点。

若风控部与财务部审核合同的相关条款不通过，则退回客服部修改合同条款。

公司副总经理、总经理、副董事长、董事长根据目标客户的实际业务状况，参考风控部和财务部的审核建议，重点结合以下情况对合同签署进行审核并出具审核意见：

1. 客户的企业背景（外资企业/民营企业/国有企业）；

2. 贸易真实性；

3. 未来交易金额；

4. 客户的营业范围；

5. 客户的收汇方式；

6. 海关政策和财税政策的变动情况；

7. 其他可能影响公司运营的情况。

合同审核通过后，交客户签署，客服部负责跟进并及时回收合同，然后存档。

客服专员通知客户准备发货。

4.4.2 合同签署管理

客服部负责根据范本的内容拟订相关合同的内容，并根据合同签署流程交由相关部门审核，客服专员负责跟进，客服部经理负责协助完成合同签署工作。客服部将正本合同一式四份快递给客户签核，并及时收回其中两份正本合同存档。

合同签署完毕后，应及时整理归档，并分配相关客服专员，负责通知客户准备发货，进入报关协作环节。

合同的保存办法参考日常管理中的合同管理方式执行。

4.4.3 合同签署流程风险控制关键因素

客服部负责合同签署流程跟单，风险控制关键因素如表 4-8 所示：

表 4-8 合同签署流程风险控制关键因素表

客户名称	
客户编号	
服务种类	
框架协议编号	
出口委托协议编号	
购货合同编号	

4.5 综服企业报关协作风险管理示例

4.5.1 报关协作流程示例

本节所述作业程序从报关单申报标准规则和海关合规流程的角度，规范综服企业的进出口申报程序，确保其符合海关的监管规定、查验要求及报关单填制规范，规避进出口申报风险，提高通关效率，提升客户满意度。

图 4-5 为综服企业报关协作流程示例。

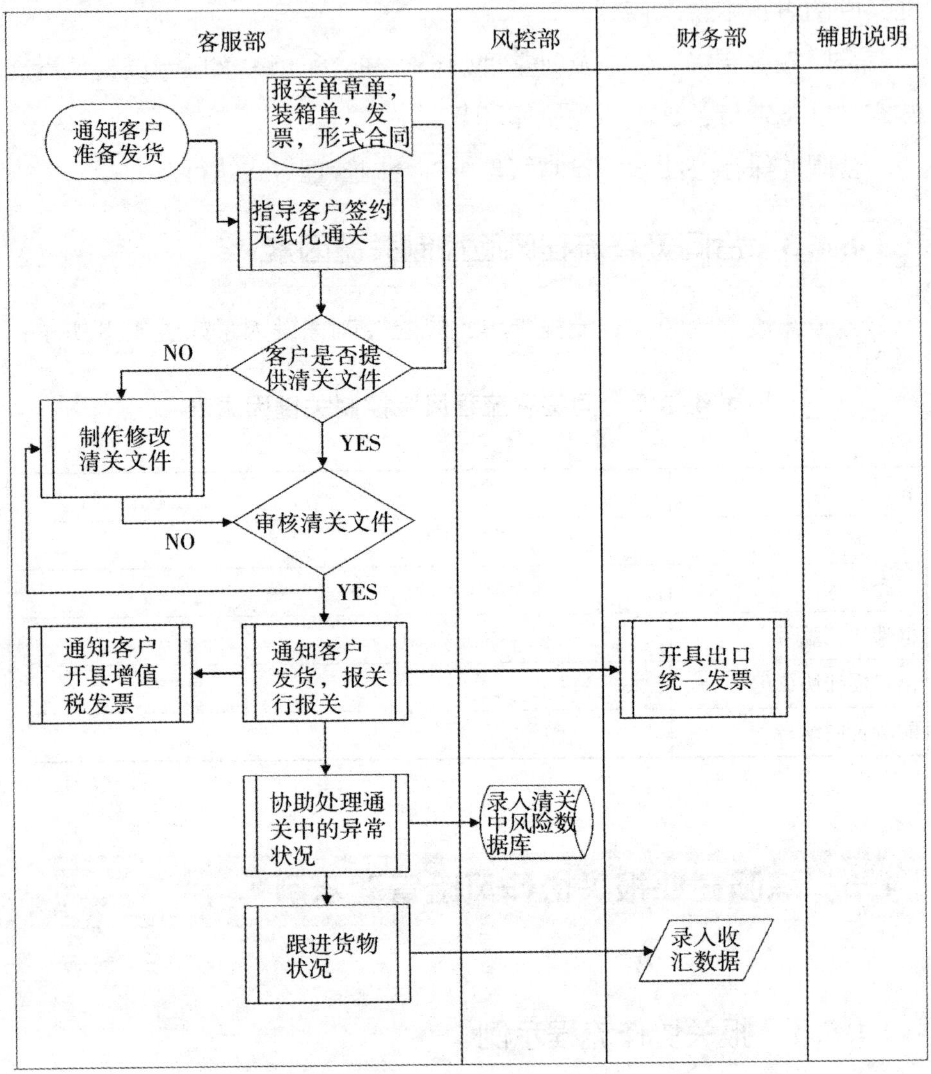

图 4–5　综服企业报关协作流程示例

综服企业报关协作流程示例说明：

若客户首次通过综服企业报关出口，须签约无纸化通关，客服部通关专员须通知客户在报关出口前 5 个工作日内完成。

通关专员在客服部经理的授权下指导客户完成无纸化通关电子口岸

执法系统的签约程序。

若客户出口申报商品为涉法检货物或申报商品为非法检货物，但涉及检验检疫项目的（例如，危险化学品、木质包装、旧机电产品等），须先在单一窗口完成出口申报前的监管申报，生成电子底账数据，再引用该数据（在随附单证里选择电子底账，录入编号）报关。

无纸化通关签约完成后，由通关专员与客户沟通，要求客户在规定时间内提供以下文件完成清关工作：

1. 报关单草单；
2. 出口形式合同；
3. 装箱单；
4. 发票；
5. 订舱单（海运、空运、陆运、快递等）；
6. 海关要求的其他清关文件。

通关专员取得相关清关资料后按照进出口报关规范的要求对其进行谨慎性审核，审核要求如下：

1. 严格遵守报关规范的相关要求审核资料；
2. 调取准入控制中企业产品资料进行复核；
3. 核对订舱资料与装箱单、发票的关联关系；
4. 核对报关单草单与装箱单、发票的关联关系。

若客户无法提供相关资料或提供的相关资料不齐全，通关专员须在客户的授权下代客户完成清关资料的制作。制作清关文件时，须客户及时配合，并确保做到单据完整、正确、清楚。

若客户提供的文件不符合报关规范的要求，通关专员须及时作出修改，确保文件能够满足通关要求。

若清关文件审核通过，通关专员通知客户准备发货，并将全套文件盖章扫描交给报关行进行报关。

通关专员须在正式报关前通知客户开具该批货物的增值税专用发

票，增值税发票金额=出口报关单上的金额×约定固定外汇兑换人民币汇率/（1+增值税税率）。

通关专员须于正式报关前通知财务部开具出口统一发票，发票金额与报关单金额必须保持一致。

通关专员须及时跟进报关中的异常状况，协助处理，确保及时通关。此环节极其关键，相关要求如下：

1. 通关专员跟进出货时，手机须24小时开机，客户或报关行能够随时联系并处理相关异常状况。

2. 通关专员无法确认相关状况时，必须及时联系客户协助尽快提供资料，确保及时通关。

3. 通关专员无法确认相关紧急状况时，须及时向客服部经理汇报异常状况。

4. 通关专员及时反馈清关中的异常数据，将数据反馈给风控部录入风险控制数据库。

5. 货物放行后，通关专员须及时通过技术手段跟进货物状况，一旦发现异常状况需要客户配合处理的，须及时反馈给客户，确保货物及时安全出运。

6. 通关专员须反馈给财务部当次出货数据，方便财务部录入收汇数据。

所有报关协作程序均须严格遵守报关协作的时效要求。

4.5.2 报关规范管理要求

报关单的填制必须完整、正确、清楚，具体要求参考《中华人民共和国海关进出口货物报关单填制规范》。

如需要提供其他清关文件，通关专员必须提前通知客户准备，确保及时通关。

有关报关规范要求，通关专员须跟进到位，客服部经理给予指导，其他部门须通力配合，确保万无一失。

报关规范的相关要求如下：

1. 报关规范要求形式合同、装箱单、发票和报关单必须“单单相符、单证相符、单货相符”。

2. 报关单中所填报内容与实际进出口货物情况相符，特别是货物的品名、规格、数量、价格等内容必须真实，不得出现差错，更不能伪报、瞒报及虚报。

3. 报关单中填报的项目要准确、齐全、完整、清楚。

4. 同批文或合同的货物、同一批货物中不同贸易方式的货物、不同备案号的货物、不同提运单的货物、不同征免性质的货物、不同运输方式的货物、相同运输方式但不同航次的货物、不同原产地证书项下的货物，均应分别填写报关单。

5. 报关品名的申报必须规范。品名是贸易双方界定交易商品的重要依据，也是海关对货物实施监管的重要依据。品名必须如实申报，避免因为申报不规范，导致海关作退单处理并转至现场查验。

6. 报关品名的申报过于笼统或宽泛，无法确定货物的真实情况，或以别名、译名申报，无法与 HS 编码归类一致，均属不规范申报，在日常操作中须杜绝。

7. 品牌的申报必须规范。品牌是用于识别某个产品或服务，并使之与竞争对手的产品或服务区分开来的商业名称及标志，通常由文字、标记、符号、图案和颜色等要素构成，一般产品中均含©、TM 或明显的企业标识（LOGO）等。客服部专员在复核相关资料的时候，须格外注意。

8. 申报品牌时，以实际产品带©或 TM 为第一选择，产品和包装上有 LOGO 时，包括客户工厂的自有品牌，应该如实申报。

9. 申报品牌时，产品上没有 LOGO，但外包装上有 LOGO，应按照外包装上的 LOGO 申报品牌，只有当产品和外包装上均无品牌标识时，才可申报无牌。

10. 报关申报时若涉及知识产权问题，须尤为慎重。知识产权海关保护是指海关为禁止侵犯知识产权的货物进出口，对与进出口货物有关并受中华人民共和国法律、行政法规保护的商标专用权、著作权和与著作权有关的权利、专利权依照国家有关规定实施的保护。如果品牌为海关系统备案范围的品牌，需要客户提供品牌授权书。如果品牌不在海关备案系统范围内，但属知名品牌，仍需要提供授权书。产品设计有技术专利标识的，需要客户提供技术标准认证书。

11. 报关型号的申报必须规范。产品型号是指产品上用于识别产品的编号，不同产品的型号不同，以“型号”“MODEL”“TYPE”字样依次选择作为型号申报。

12. 报关重量的申报必须规范。毛重是指商品重量加上商品外包装物料的重量。净重是指货物毛重扣除外包装材料后的重量，即商品本身的实际重量。货物出口量比较大时，须注意海关会对货物过磅核查，重量的误差不能超过总申报重量的±2%。

4.5.3 单据审核要求

单单一致是安全通关的最基本要求。客服部通关专员须设置两名或两名以上人员对单据进行有效审核。具体的审核要求如下：

1. 装箱单的型号、包装件数、出货唛头与实际出货的件数一致，净重、毛重与实际出货一致。

2. 装箱单的包装件数、包装方式、出货唛头与订舱单的基本信息一致。

3. 发票与形式合同的信息一致。

4. 装箱单的包装数量与发票的数量一致。

5. 形式合同、装箱单和发票上的核心信息与报关单一致。

6. 报关单内的相关栏目之间的信息一致。

7. 报关单的信息与特殊单据之间的信息一致。

4.5.4 报关协作中的时效要求

报关协作对时效要求非常严格，必须严格遵守相应的时效要求，确保不影响交货期，不影响及时通关，不影响收汇结汇。

报关协作中的时效要求如下：

1. 客户首次通过综服企业出货时，须签约无纸化通关，通关专员指导客户完成签约工作，签约必须于出货前 5 个工作日完成。

2. 若列入出口法定商检目录内的申报商品或申报商品为非法检货物，但是涉及检验检疫项目的（例如，危险化学品、木质包装、旧机电产品等），客服部通关专员必须通知客户提前在单一窗口完成出口申报前监管申报，生成电子底账数据，时间为报关前 2 个工作日内。

3. 其他特殊清关文件的取得须在报关前 2 个工作日内完成。

4. 通关文件的审核必须于出货前 2 个工作日内完成。

5. 通关过程中出现异常状况，通关专员必须及时联系客户并协助客户在 2 个工作日内处理完毕。

6. 海关放行后，通关专员须及时跟进报关单审核放行情况，及时反馈给风控部、财务部相关人员。

4.5.5 报关协作流程风险控制关键因素

客服部负责报关协作流程跟单，风险控制关键因素如表 4-9 所示：

表 4-9　报关协作流程风险控制关键因素表

客户名称	
客户编号	
报关日期	
出口发票编号	
出口合同编号	
报关单编号	
境外收发货人	
申报商品	
海关商品编码	
申报数量	
申报单价	
申报总价	
提运单号	
集装箱号/航班号	
报关放行时间	

4.6　综服企业出口收汇风险管理示例

4.6.1　收汇结汇及转款流程示例

本节所述作业程序从银行标准规则和贸易合规的角度，确保综服企业及时从境外收汇并结汇，确保不影响后续退税和其他相关业务操作。

图 4-6 为综服企业收汇结汇及转款具体流程示例。

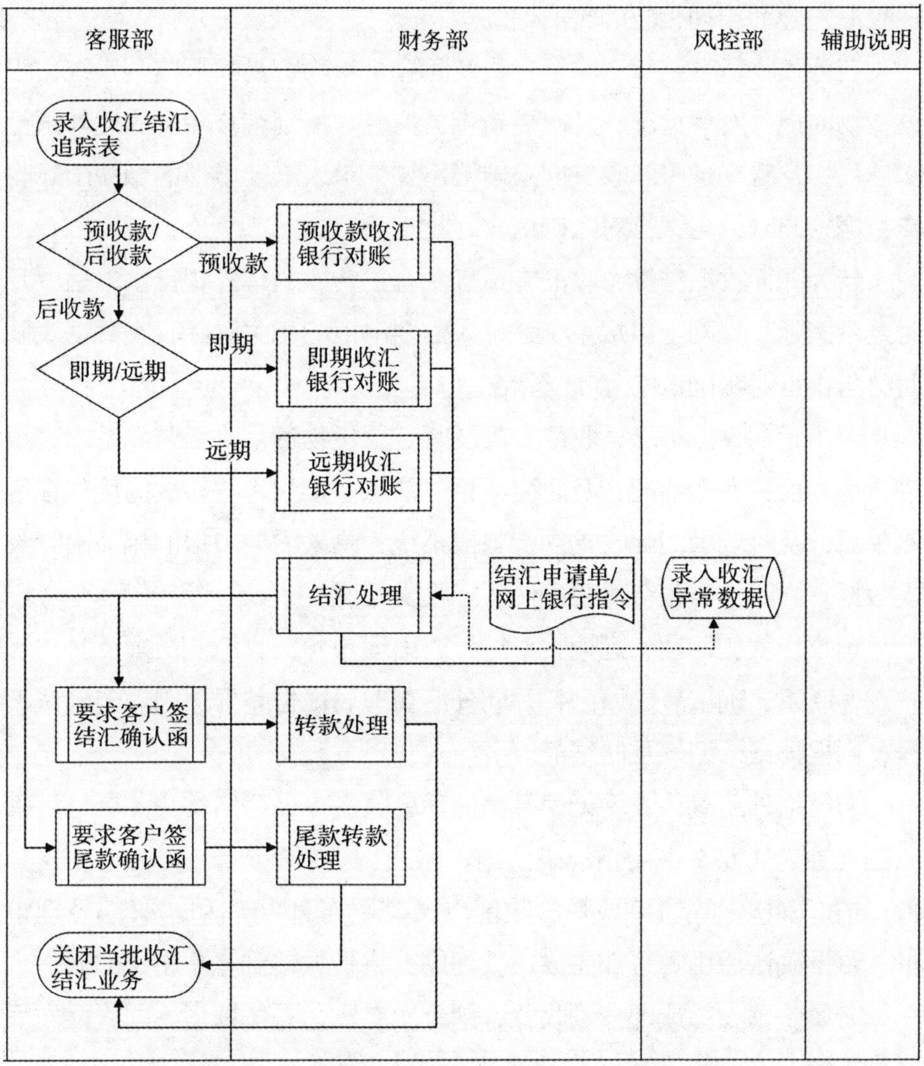

图 4-6　综服企业收汇结汇及转款流程示例

综服企业收汇结汇及转款流程示例说明：

本流程所述收汇结汇仅限于电汇下的国际结算，不涉及需额外处理结汇单证下的跟单托收、跟单信用证等比较复杂的国际结算的收汇结汇。

收汇专员根据客户订单的收汇情况确认其属于预收货款、即期或远期收汇，分别启动相应的收汇追踪。

若为预收货款结算，收汇专员及时登录货物贸易收汇监测系统，跟进货物的报关发运情况，及时更新相关信息。接到客户转发的境外银行水单后，及时登录国际收支网上申报系统，录入需要申报的相关国际收支数据。同时，与银行对账确认实际收支状况。

若为即期收汇结算，收汇专员接到客户转发的境外银行水单后，及时登录国际收支网上申报系统，录入需要申报的相关国际收支数据。同时，与银行对账确认实际收支状况。

若为远期收汇结算，收汇专员及时登录货物贸易收汇监测系统，跟进货物的报关发运情况，及时更新相关信息。接到客户转发的境外银行水单后，及时登录国际收支网上申报系统，录入需要申报的相关国际收支数据。同时，与银行对账确认实际收支状况。

预收货款、即期、远期收汇结算若出现差异，收汇专员须及时与客户沟通联系，确认差异原因，并向外汇管理局报告差异原因。若确认无误，则根据银行汇率及时结汇。

若当笔外汇确认收妥无误并结汇后，收汇专员联络客户签署结汇确认函（参考 4.6.2 中“结汇确认函”格式）。

结汇确认函签署完成后，收汇专员交财务部经理和客服部经理审批，审批确认后由财务部完成转款程序，将货款转到客户指定的账户。

若属于预收款或部分预收款，则分次完成，具体情形不同，操作程序也不同：

收汇专员要求客户针对已收妥并结汇的货款的 95%部分签署结汇确认函，签署完成后交财务部经理和客服部经理审批，审批确认后由财务部完成转款程序，将货款转到客户指定账户上。

若为预收全部货款，待客户出货报关放行并装载出运后 3 个工作日内，收汇专员要求客户针对剩余货款签署尾款确认函，签署完成后交财务部经理和客服部经理审批，审批确认后由财务部完成转款程序，将余款转到客户指定账户上。

若为部分预收货款，待收齐剩余货款且货物装载出运后3个工作日内，收汇专员要求客户针对剩余货款签署尾款确认函，签署完成后交财务部经理和客服部经理审批，审批确认后由财务部完成转款程序，将货款转到客户指定账户上。

收汇专员须及时将收汇结汇及转款操作中的异常数据反馈给风控部，由风控部录入风险控制数据库。

收汇结汇及转款业务全部完成后，收汇专员关闭当批收汇结汇业务，并进入下一环节的操作。

4.6.2 结汇确认函示例

综服企业结汇确认函模板如下：

结汇确认函

兹有我司××××委托××××有限公司将《外贸综合服务企业出口委托协议》（协议编号：　　　　　　）项下的结汇款转至以下公司及账号，由此产生的相关法律责任和一切后果由我司承担。

收款单位：

开户银行：

账号：

金额：

用途：货款

经办人签字：

公司（公章）

年　　月　　日

4.6.3 尾款确认函示例

综服企业尾款确认函模板如下：

尾款确认函

兹有我司××××委托××××有限公司将《外贸综合服务企业出口委托协议》（协议编号：　　　　　　　　）项下的结汇尾款转至以下公司及账号，由此产生的相关法律责任和一切后果由我司承担。

收款单位：

开户银行：

账号：

金额：

用途：货款

经办人签字：

公司（公章）

年　　月　　日

4.6.4　收汇结汇及转款流程风险控制关键因素

客服部负责收汇结汇及转款流程跟单，风险控制关键因素如表4-10所示：

表4-10　收汇结汇及转款流程风险控制关键因素表

客户名称	
客户编号	
收汇天数	
实际收汇金额	
收汇差异	
差异处理	
结汇日期	
结汇汇率	

表4-10　续

结汇金额	
转款日期	
转款金额	
余款转款日期	
余款转款金额	

4.7　综服企业出口退税风险管理示例

4.7.1　出口退税作业流程示例

出口退税是综服企业的一项主要工作。

图 4-7 为综服企业出口退税作业流程示例。

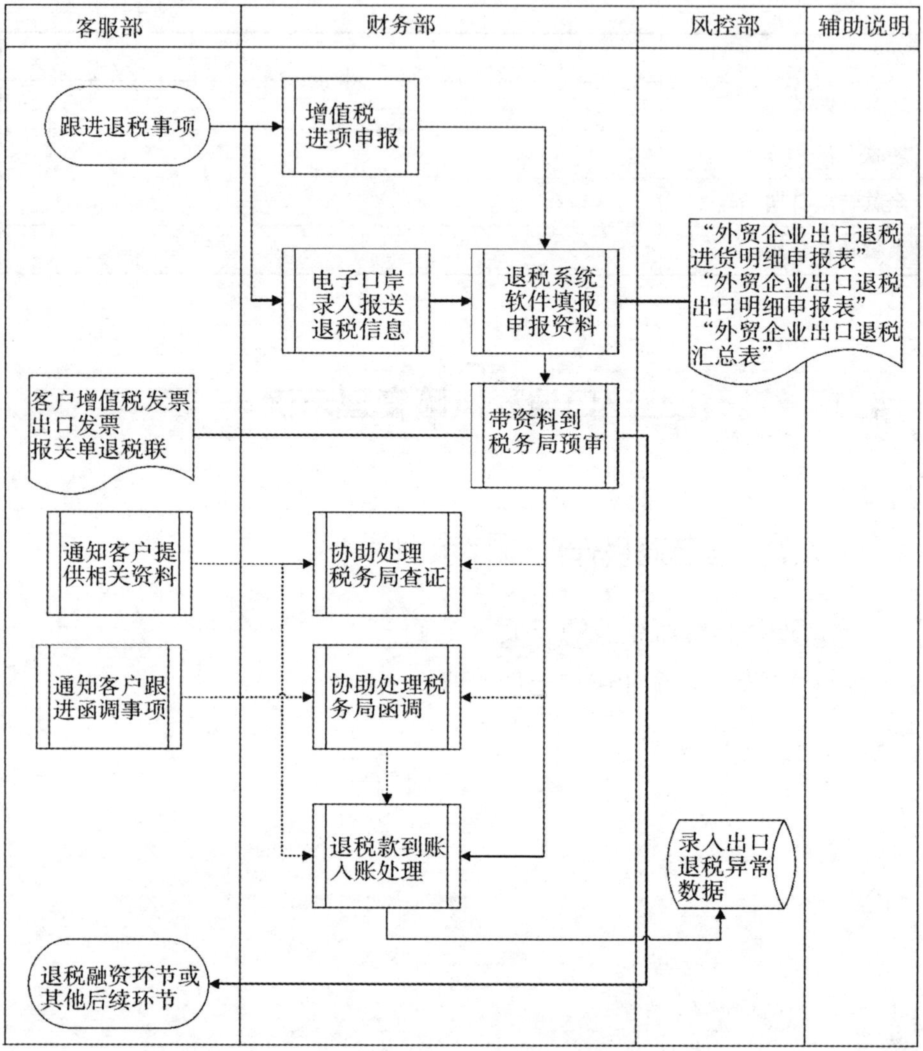

图 4-7　综服企业出口退税作业流程示例

综服企业出口退税作业流程示例说明：

综服企业办理出口退（免）税备案后，在为生产企业首次代办退税前，向其所在地主管税务机关报送“代办退税情况备案表”，同时将下列资料留存备查：

1. 与生产企业签订的外贸综合服务合同（协议）；

2. 生产企业委托代办退税的“代办退税情况备案表”；

3. 综服企业代办退税内部风险控制信息系统建设及应用情况。

“代办退税情况备案表”的内容发生变化时，综服企业应自发生变化之日起30日内重新报送该表。

综服企业首次办理代办退税备案时，应将企业代办退税内部风险管控制度一次性报主管税务机关。

综服企业主管税务机关应将综服企业报送的“代办退税情况备案表”内容与相应生产企业的“代办退税情况备案表”内容进行比对，比对相符的，应予以办理代办退税备案；比对不符的，将比对不符的情况一次性告知综服企业。

财务部退税专员在法律法规规定的期限内完成增值税发票的扫描认证和进项增值税申报程序。

退税专员通过电子口岸执法系统报送出口报关单信息。

退税专员在退税前确认已经收妥当笔出口项下的全部外汇，取得银行收汇水单。

退税专员通过外贸企业出口退税申报系统录入退税资料，生成预申报资料。退税专员提交预审资料后若无异常状况，则可以进入退税融资或其他后续操作程序。

若客户的上一笔退税业务出现异常状况或进入函调程序，则暂停退税融资操作；税务部门审核通过后，对应退税款将返还到平台，财务部作入账处理。

客服部整理当笔退税作业中所有的退税资料，将单据备案并存档。

出口退税环节出现的任何异常状况均由财务部反馈给风控部，并录入风险控制数据库中。

4.7.2 出口退税申报系统操作程序

综服企业出口退税申报系统操作流程参见外贸出口退税系统用户手

册和软件演示文件。软件的安装与维护由信息部负责，数据的维护与备份由财务部负责。

必须定期做好数据备份工作，备份的相关要求参见信息管理的详细要求。

必须及时做好出口退税申报系统更新工作，确保不影响出口退税的申报。

出口退税申报系统的操作程序如下：

1. 登录外贸企业出口退税申报系统；

2. 进行出口货物明细申报录入；

3. 从货物贸易收汇监测系统查询报关单数据，收齐单证明细录入；

4. 录入完毕后，进行数据一致性检查，若发现错误及时修正；

5. 生成出口货物明细预申报数据，可以拷入 U 盘到税务部门预申报或通过互联网进行预申报；

6. 预申报完毕，将经过税务部门预审的数据读入退税申报系统，查询疑点，进行数据处理，若有疑点，加以修改；若无误，准备正式申报；

7. 录入纳税申报表；

8. 生成出口退税汇总申报数据；

9. 进行数据一致性检查；

10. 打印出口数据明细申报表、汇总申报表及附表，打印法定代表人声明、冲减说明等；

11. 携带申报数据盘、申报表格、文件等资料到税务部门进行正式申报，或者通过互联网进行远程正式申报；

12. 正式申报通过后，企业可以将申报数据读入退税申报系统，税务部门审核通过后，企业财务部可以作退税账务处理。

4.7.3 办理出口退税的要点

综服企业办理出口退税必须遵循“五个及时”的原则：

1. 货物报关出口后，应及时从客户处取得增值税专用发票；

2. 取得增值税专用发票后，应及时进行发票扫描认证；

3. 货物报关出口后，应及时催促客户结清相关报关、仓储、运输等费用，及时取得出口货物报关单退税专用联；

4. 取得货物报关单后，应及时通过海关“口岸电子执法系统”对出口货物报关单予以确认；

5. 收集完退税单证后，应及时向税务机关申报办理出口退税手续。

4.7.4 出口退税作业流程风险控制关键因素

客服部负责出口退税作业流程跟单，风险控制关键因素如表 4-11 所示：

表 4-11 出口退税作业流程风险控制关键因素表

客户名称	
客户编号	
出口商品统一发票开立日期	
增值税发票开立日期	
增值税进项税额	
退税率	
征退差	
退税金额	
增值税票认定日期	
出口退税申报日期	
退税异常状况	
退税异常处理方式	
退税收入返还日期	

4.8 综服企业退税融资风险管理示例

4.8.1 退税融资流程示例

本节所述作业流程从银行资金监管规则、金融操作标准程序和贸易合规的角度，确保综服企业及时完成退税融资操作，满足客户的融资需求，不影响后续业务和营销任务。

图 4-8 为综服企业退税融资具体流程示例。

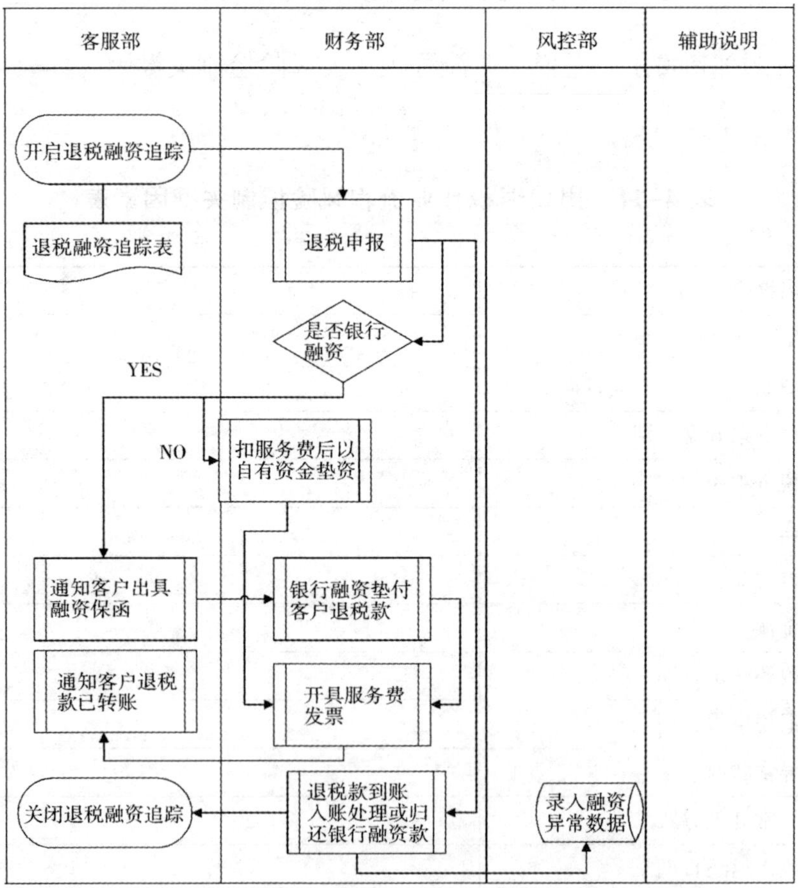

图 4-8 综服企业退税融资流程示例

综服企业退税融资流程示例说明：

财务部开始退税申报时，客服部退税专员开启退税融资追踪，追溯退税融资的进度。

服务种类为退税融资时，退税专员根据公司的资金状况确认使用银行融资或自有资金放款。

若采取银行融资方式，客户须签署融资保证函，签署完毕后，交由银行审核。银行根据其具体的业务状况审批，并将退税款扣除平台服务费后放款给指定监管账户。

若采取自有资金放款方式，将平台自有资金扣除服务费后垫付退税款给客户。

无论是否使用银行融资服务，均须由平台开具服务费发票并及时送达客户。

银行转账或平台支付退税款后，由退税专员统一通知客户到账信息并要求客户确认，将跟踪信息记录备案。

国库退还的退税款到账后，财务部作入账处理，客服部关闭退税融资追踪，如果到款延迟，须尽快追踪原因。若采取银行融资方式，则须尽快归还银行融资款。

财务部将退税融资中的异常状况反馈给风控部，更新风险控制数据库。

4.8.2 退税融资流程风险控制关键因素

客服部负责退税融资流程跟单，风险控制关键因素如表 4-12 所示：

表 4-12　退税融资风险控制关键因素表

客户名称	
客户编号	
退税融资方式	
银行融资金额	
银行融资日期	
退税融资金额	
退税融资发放日期	
融资服务费开票金额	
融资服务费开票日期	
退税收入返还日期	

5

外贸综合服务，
如何构建信息化平台？

5.1 外贸综合服务平台信息化系统建设的意义

外贸综合服务平台是能使供应链上下游中小微企业共同受益的服务平台。它通过整合金融机构、政府公共资源、第三方物流公司、服务商以及综服企业内部各业务板块的资源，能够为中小微企业提供“商检、制单、通关、物流、退税、结汇”等一站式出口流程服务；同时基于服务平台的数据信息及出口信用保险的覆盖，能够提供“信用证融资、信保融资”等系列出口资金配套服务，解决中小出口商的融资难题。

对外贸综合服务平台各方来说，它的意义主要有：

1. 对平台的客户而言

首先是降低了自身经营成本，其次规避了因不了解进出口专业知识等带来的风险，同时还可以享受到比传统方式更优惠和更便利化的进出口服务。比如，小客户无法享受信保服务，而通过平台便能通过信保来降低风险。这样可以使中小企业从进出口事务中脱身，企业只要专心做好产品，开拓市场即可。

2. 对平台的经营方而言

通过平台的建设，形成了外贸服务的全新模式，构建了外贸基础服务、金融服务和其他第三方增值服务的良性互动的生态系统。服务的标准化、流程化、均衡化将提升企业的服务品质，有效降低服务价格，从而迅速抢占行业前沿，快速成长。

此外，整个业务模式是可复制、可输出的，为平台的跨区域拓展奠定了基础。

3. 对海关、税务、外汇等监管部门而言

通过平台的专业集成后再统一对海关、税务和外汇申报，极大地减轻了政府职能部门处理日常工作的压力，提高了效率，有力促进了监管部门和进出口企业之间相互理解配合。另外，平台中企业的各种真实贸易情况可有限分享给监管部门在线实时查询。

4. 对银行、保险公司等金融机构而言

政府非常支持解决中小微企业在融资和保险等方面的难题。但由于中小微企业可抵押物少、单笔金额小，业务成本人等，银行、保险等机构对中小微企业的支持力度大打折扣。平台可提供企业的进出口交易数据的有限查询，从而使银行能提供更加符合中小外贸企业的金融产品，减少金融机构去企业一线收集数据的工作量，从而减少金融机构的业务成本。

实际上，不少银行、保险等金融机构正考虑加快和以电商平台为核心的综服企业合作的步伐，通过订单融资、应收账款融资等来实现对客户的批量开发。

5.2 外贸综合服务平台设计示例

下文简要介绍笔者为某综服企业规划的外贸综合服务平台建设示例。图 5-1 为外贸综合服务平台应用层的总体架构示例。

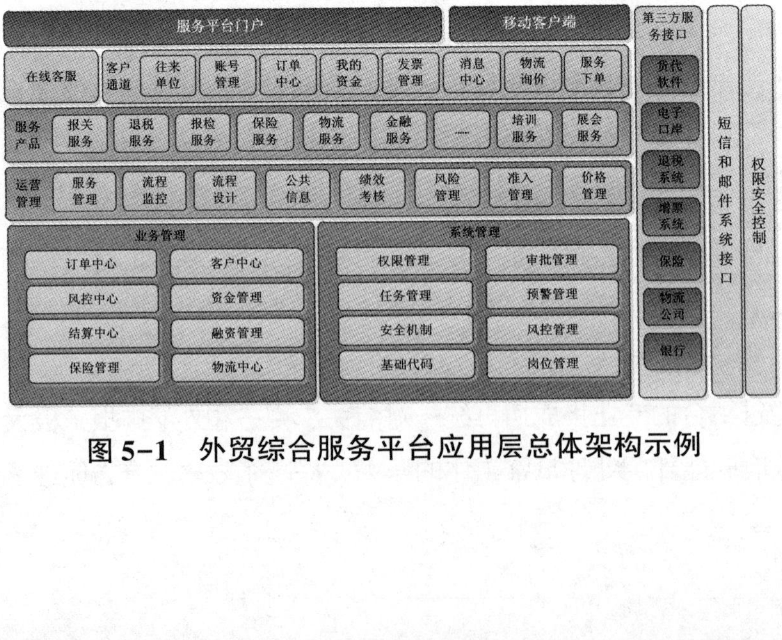

图 5-1 外贸综合服务平台应用层总体架构示例

外贸综合服务平台信息化框架应该以主数据、用户认证、权限体系、功能结构、服务配置几个模块为基础，满足外贸综合服务平台基础服务和金融服务的需求。

图 5-2 为外贸综合服务平台信息化框架示例。

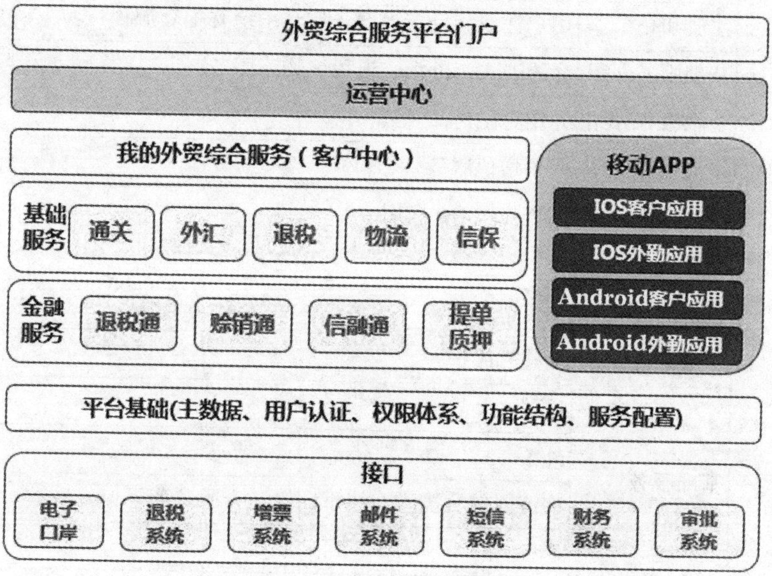

图 5-2　外贸综合服务平台信息化框架示例

5.3　外贸综合服务平台模块和功能示例

下文是某外贸综合服务平台设计模块及功能示例，如表 5-1 所示。

表 5-1　外贸综合服务平台的模块和功能说明

子平台	子系统/模块	包含的功能说明
平台门户	首页介绍	平台介绍
	注册和登录	用户注册和登录界面，后台系统有配套流程
	基础服务介绍	介绍通关、外汇、退税、物流服务
	金融服务介绍	介绍金融产品
	增值服务介绍	介绍增值服务
	在线客服	整合在线 QQ 应用
	合作伙伴	
	友情链接	
	往来单位	新建和维护
服务项目	基础服务	通关
		外汇
		物流（收集需求，线下向第三方服务商下单）
		退税
	金融服务	退税融资（垫付退税款）
		信用证质押
		赊销融资
	增值服务	展会服务
		检测服务
		培训服务
		其他

表5-1　续1

子平台	子系统/模块	包含的功能说明
客户通道	账号管理	在平台给“我”开通的主账号下新建子账号以及申请开通新的服务
	订单中心	显示所有“我”下的订单，可查看每个订单的信息和进程
	我的资金	显示“我”的净资产，以及不同类型账户下的余额，也可查看账户流水，并且可以在线申请提款
	发票管理	可新建给工厂的开票通知，可登记收到的工厂发票信息
	消息中心	接收和查看系统自动产生的各类提示和预警消息
	物流询价	选择物流类型，输入主要信息，查询价格（完成客户物流需求发送，线下完成询价报价功能）
	服务下单	可下单的服务产品： 进出口（提供通关、收付汇和退税）； 金融服务（需根据实际情况定制，金融产品在 3 个以内）； 增值服务（增值服务由于种类多，相互差异大，所以只提供简单的下单功能，不涉及复杂的流程管理）。
业务后台	服务产品管理	将服务作为产品进行管理： 服务产品的基本信息； 本服务与其他服务产品的关系； 服务产品的流程节点； 服务产品的价格管理； 服务产品所需单据的设置； 服务产品的启用和停止。
	客户管理	客户管理： 客户准入管理，包括客户基本信息，可用 HS 码的备案，三证信息，验厂信息等； 用户账号管理，包括用户账号的新建、注册、密码重置，以及分派客服人员等； 往来银行账户管理，客户与平台之间资金往来涉及的银行账号信息都需事先备案，只有备案通过的银行账号，才能申请资金的往来交易； 服务产品的申请、开通和停止。

表5-1　续2

子平台	子系统/模块	包含的功能说明
业务后台	风控中心	风控中心： 信保额度管理； 外商信用额度管理； 委托方信用额度管理； 预付款额度管理； 服务产品价格审核； 预警条件设置； 审批中心。
	订单中心	业务后台的“订单中心”是对客户下单的集中处理中心： 订单分配，可启用自动分配或手工分配，可分配客服、分配操作员； 订单受理，平台会自动将客户下的一个总订单按服务产品种类分拆成若干个子订单，受理的动作主要包括接受和拒绝； 电子口岸数据匹配，将从电子口岸导回的报关数据与平台中的订单数据进行匹配，提供自动匹配、半自动匹配和手工匹配等多种模式； 发票管理，包括新建和打印开票通知，以及输入工厂发票，输入发票时可关联报关单项号，为退税数据作准备； 交单结算，当一笔服务订单的所有单据都齐全以后，在平台中建立相互的关联关系（如以外销发票号为线索匹配报关数据、增值税发票数据、收汇数据），并对订单进行结算，结算单须提交复核。

表5-1 续3

子平台	子系统/模块	包含的功能说明
业务后台	资金中心	资金中心： 收款管理，包括外汇水单和国内来款的登记、认领和拆分； 费用支付管理； 货款支付管理； 退税申报管理； 融资费用管理。
	客服面板	将客户最关心和最有可能问的信息集成在一个页面上，以保证客服接通客户电话后的5秒钟之内能从容应答。页面上集成的信息包括客户的基本信息、已开通的服务产品、资金信息、最近订单列表、以往来访记录。
	系统管理	系统管理包括平台抬头信息、部门、人员、角色、用户账号、用户权限、平台功能设置和基础代码维护等。
通用接口	邮件	系统提供对外邮件接口
	短信	系统提供短信接口
移动应用	iOS/Android	—
	微信	—

6

外贸综合服务，信用如何管理？

综服企业通过资源整合、价值创新，实施进出口通关、金融服务、外汇、税务、供应商管理、库存、仓储分拣与配送、国际及国内物流、设备供应链等一体化全流程作业。

为获得更大的贸易便利，更好地为广大企业服务，综服企业必须尽最大可能获得高级企业信用认证。

6.1 海关 AEO 企业信用管理

6.1.1 海关 AEO 企业信用管理介绍

AEO（Authorized Economic Operation，即“经认证的经营者”）是世界海关组织（WCO）于 2005 年 6 月在《全球贸易安全与便利标准框架》（以下简称《标准框架》）引入的概念。

AEO 的具体定义是：以任何一种方式参与货物国际流通，并被海关当局认定符合世界海关组织或相应供应链安全标准的一方，包括生产商、进口商、出口商、报关行、承运商、理货人、中间商、口岸和机场、货站经营者、综合经营者、仓储业经营者和分销商。

WCO 制定了一套保护和便利日益增长的国际商业、国际贸易的标准，并通过《标准框架》进行推广。大多数成员向 WCO 表达了启动实施《标准框架》的意愿，中国代表团也正式在实施意向书上签了字，中国将逐步实施《标准框架》中的有关内容。

中国于 2005 年 6 月在世界海关组织第 105/106 届理事会年会上签署实施《标准框架》意向书，此后的 3 年多时间里，积极进行 AEO 制度的研究和实践，逐步建立起中国海关的 AEO 制度。

融合 AEO 制度要求，中国海关注重进出口信用体系的顶层设计和制度建设，自 2014 年以来，相继以部门规章的形式出台了《中华人民共和国海关企业信用管理暂行办法》（海关总署令第225号）、《海关认证企业标准》（海关总署公告2014年第82号）等10项标准规范，将原来的海关企业分类管理办法提升为海关企业信用管理办法，初步构建起了较为完备的进出口信用管理制度体系。所有海关注册企业按照信用等级分为高级认证企业、一般认证企业、一般信用企业和失信企业，海关给予不同的管理措施。

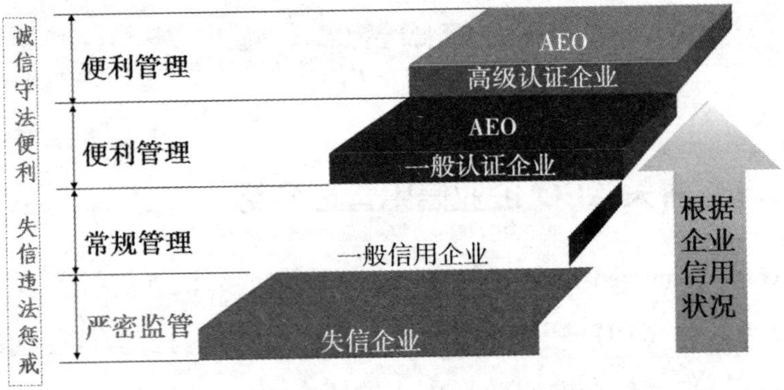

图 6-1　海关企业信用管理分类示意图

根据国家社会信用体系建设的最新发展及国际合作的要求，中华人民共和国海关总署对《中华人民共和国海关企业信用管理暂行办法》（海关总署令第225号）进行了修订。2018年5月1日，《中华人民共和国海关企业信用管理办法》（海关总署令第237号）正式实施。2018年11月27日，海关总署发布关于实施《中华人民共和国海关企业信用管理办法》有关事项的公告（海关总署公告2018年第178号）。海关总署令第237号及海关总署公告2018年第178号对企业的管理措施进行了相应的调整。

表 6-1 海关管理措施对比表

事项	高级认证企业	一般认证企业	一般信用企业	失信企业
企业信用管理状况	关通天下（国际互认） 最高优惠便利 每 3 年重新认证一次	优惠便利 不定期重新认证	常态管理	严密监管
商业环境	提升综合竞争力，有助于国际商务合作，获得更多的客户订单	有助于商业伙伴合作	常态环境	经营困难
客户协调员	设立	不设立	不设立	不设立
查验率	进出口货物平均查验率在一般信用企业平均查验率的 20%以下； 进出口货物平均检验检疫抽批比例在一般信用企业平均抽批比例的 20%以下（法律、行政法规、规章或者海关有特殊要求的除外）； 进出口货物原产地调查平均抽查比例在一般信用企业平均抽查比例的 20%以下； 优先向其他国家（地区）推荐食品、化妆品等出口企业的注册	进出口货物平均查验率在一般信用企业平均查验率的 50%以下； 进出口货物平均检验检疫抽批比例在一般信用企业平均抽批比例的 50%以下（法律、行政法规、规章或者海关有特殊要求的除外）； 进出口货物原产地调查平均抽查比例在一般信用企业平均抽查比例的 50%以下； 优先办理海关注册登记或者备案以及相关业务手续，除首次注册登记或者备案以及有特殊要求的外，海关可以实行容缺受理或者采信企业自主声明，免于实地验核或者评审	70%左右	进出口货物平均查验率在 80%以上； 进出口货物平均检验检疫抽批比例在 80%以上

表6-1 续

事项	高级认证企业	一般认证企业	一般信用企业	失信企业
通关效率	先行办理验放手续； 运抵海关监管区前向海关申报； AEO 互认国家或者地区海关通关便利措施； 减少对企业稽查、核查频次； 中断恢复后优先通关	简化进出口货物单证审核，优先办理进出口货物通关手续	正常通关	重点监控
风险担保	可以向海关申请免除担保	收取担保金额低于其可能承担的税款总额或者海关规定的金额	常规担保	经营加工贸易业务的，全额提供担保
银行保证金台账制度（加工贸易企业）	不设台账，免缴保证金	开设台账，部分缴纳保证金	开设台账，部分缴纳保证金	开设台账，全额缴纳保证金
海关扶持政策	优先享受	便利享受	常态享受	不享受

2018 年 11 月 22 日，海关总署发布关于公布《海关认证企业标准》的公告（海关总署公告 2018 年第 177 号公告）。新的认证标准在保留企业内部控制、财务状况、守法规范、贸易安全的总体框架下，针对进出口收发货人、报关企业、综服企业等不同经营类型的企业制定“1+N”的认证标准：1 为通用标准，适用于所有企业；N 为专项标准，适合不同类型的企业。未来，N 的范围还将扩大到跨境电商企业、物流企业、仓储企业、快递企业等。

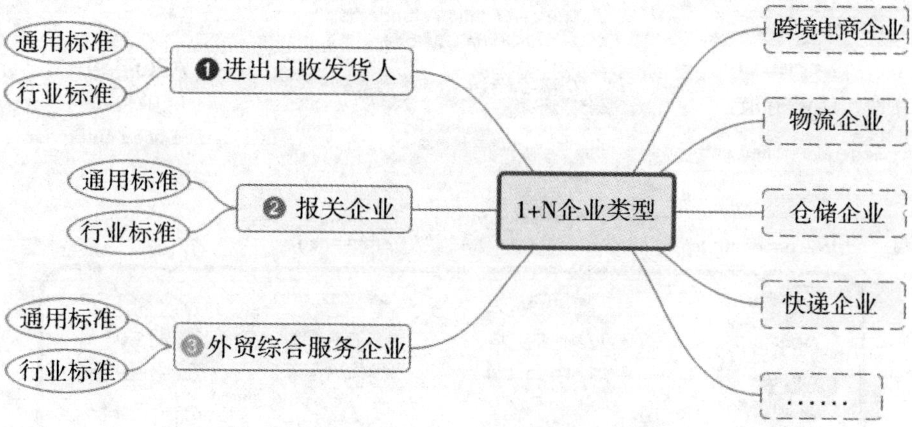

图 6-2　海关认证企业标准示意图

6.1.2　综服企业海关 AEO 高级认证标准和一般认证标准

综服企业应努力通过海关 AEO 信用高级认证。

综服企业通过海关 AEO 信用高级认证，将在强化内部控制和贸易安全制度建设的同时，享受最低的通关查验率和便捷通道，获得国内便利、国际互认和优惠待遇，得到海关最大的创新支持，从而有利于形成差异化竞争优势，更高效、更灵活地整合企业内外资源和创新服务价值，迎接“互联网+”时代对综服企业提出的全新挑战。

海关 AEO 信用认证标准由内部控制标准、财务状况标准、守法规范标准、贸易安全标准构成。

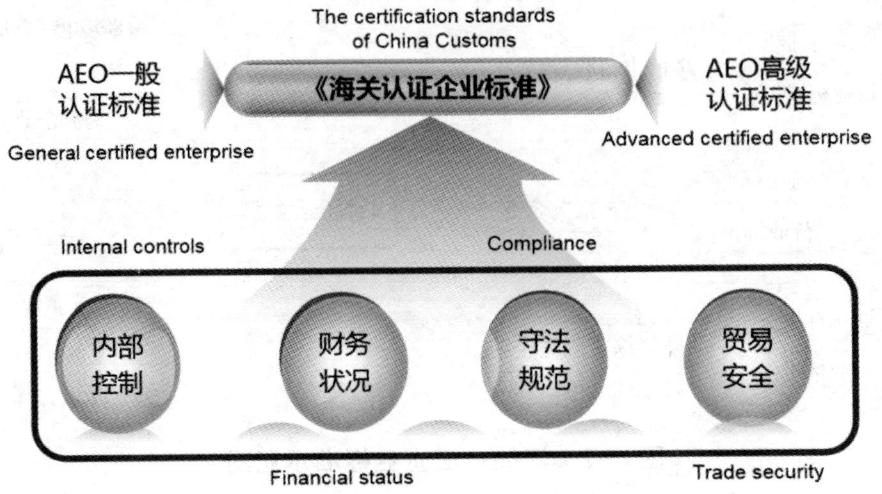

图 6-3　海关 AEO 信用认证标准构成

按照新的认证标准，综服企业海关 AEO 高级认证标准和一般认证标准的主要差异，如表 6-2 所示：

表 6-2　综服企业海关 AEO 高级认证标准和一般认证标准的主要差异

差异项	具体条款说明	一般认证标准	高级认证标准
海关业务培训	建立培训效果评估机制	不要求	要求
内部组织架构	(1) 进出口业务、财务、贸易安全、内部审计等部门（岗位）职责分工明确并有效落实； (2) 重点围绕合作伙伴内部控制、守法规范、贸易安全等开展风险评估与日常监控	不要求	要求
单证控制	在申报前或者委托申报前通过外贸综合服务平台对报关单进行申报要素的逻辑检验，利用外贸综合服务平台运营所积累的数据进行商品价格、归类等税收要素和产品质量的监控	不要求	要求

表6-2 续1

差异项	具体条款说明	一般认证标准	高级认证标准
进出口活动	建立进出口活动的流程管理制度	不要求	要求
内审制度	已成为一般/高级认证企业的，应当每年对持续符合海关认证企业标准条件实施内部审计	要求，措辞不同	要求，措辞不同
信息系统	（1）实现与海关联网； （2）风险控制功能模块具备对企业外贸综合服务全流程进行风险识别、分析、处置的功能； （3）外贸综合服务平台可以实现对货物物流的追踪监控，具备与海关即时对接的条件，定期验核贸易数据； （4）外贸综合服务平台应包括知识产权库、价格数据库、历史交易库和客户（买卖）信息库等后台的风险数据库	不要求	要求
人员守法	企业相关人员在一定年限内未因故意犯罪受过刑事处罚	1年内	2年内
税款缴纳	上年度及本年度1月至上月滞纳税款报关单率不超过一定比率	不超过5%	不超过3%
管理要求	对所有相关违法记录考核年限要求不同	1年内	2年内
外部信用	企业和企业相关人员在一定年限内均未被列入国家失信联合惩戒名单	1年内	2年内
进入安全	对未经许可进入、身份不明的人员能够识别并加以处置	不要求	要求

表6-2　续2

差异项	具体条款说明	一般认证标准	高级认证标准
商业合作伙伴安全	(1) 建立平台客户的资质准入制度并有效落实； (2) 通过实地考核的方式对客户的生产能力、贸易真实性、进出口和产能是否匹配等情况进行核查； (3) 根据风险评估结果、违法记录等建立外贸综合服务平台客户分级管理制度，对有违法记录的外贸综合服务平台客户进行责任回溯，不得代理被列入联合惩戒对象的企业办理进出口业务手续； (4) 对进出口货物品类进行限制，公开审查标准； (5) 对年度进出口值较大、违法记录较多以及风险较高的外贸综合服务平台客户进行定期监控，通过实地考核的方式对外贸综合服务平台客户进行重新核查	不要求	要求
货物、物品安全	(1) 对小额订单要求提供包含有产品包装、堆放、装运过程和运输车辆信息等的现场照片或视频； (2) 装运出口货物、出境物品须视频监控并保存视频监控记录3个月；派员实地监装比例不低于10%	不要求	要求
危机管理	(1) 对发生的灾害或者紧急情况进行应急处置，降低上述情形对企业进出口活动的影响； (2) 发生的灾害或者紧急情况涉及海关业务的，应当及时向海关报告	不要求	要求

表6-2 续3

差异项	具体条款说明	一般认证标准	高级认证标准
安全培训	建立贸易安全的内部培训机制并有效落实	不要求	要求

海关 AEO 信用高级认证标准和一般认证标准详见附录 7.4。

6.2 综服企业出口退免税分类管理

为贯彻落实党的十八届三中全会决定和李克强总理在 2014 年政府工作报告中强调的“让守信者一路畅通、让失信者寸步难行”的要求，规范纳税信用管理，促进纳税人诚信自律，提高税法遵从度，推进社会信用体系建设，根据《中华人民共和国税收征收管理法》及其实施细则、《国务院关于促进市场公平竞争维护市场正常秩序的若干意见》（国发〔2014〕20 号）和《国务院关于印发社会信用体系建设规划纲要（2014—2020 年）的通知》（国发〔2014〕21 号），税务总局制定和发布《纳税信用管理办法（试行）》（简称《信用办法》），以褒扬诚信、惩戒失信，更好地服务于纳税人。

《信用办法》共 6 章 34 条。第一章“总则”主要明确《信用办法》制定的依据、纳税信用管理的内容、适用对象、管理原则、信息化及参与社会信用体系建设等原则性内容，是《信用办法》的基础。第二章“纳税信用信息采集”明确纳税信用信息采集的主要内容、信用信息的组成、数据采集来源等，旨在统一纳税信用信息的构成和数据采集来源。第三章“纳税信用评价”主要明确纳税信用评价的方式、年度指标得分、直接判级的方法、纳税信用级别的设定、不参加本期评价、不能评为 A 级、直接判为 D 级以及不影响纳税信用评价结果的情形。第四章“纳税信用评价结果的确定和发布”明确纳税信用评价结果确定和发布的责任与时间、分级分类依法有序开放的原则、信用评价结果动态调整和申请复评等事项。第五章“纳税信用评价结果的应用”明确税务机关按照守信激励、失信惩戒原则对不同信用级别的纳税人实施分类服务和管理的相关措施。第六章“附则”明确《信用办法》的施行时间。

《信用办法》部分条款的说明

（一）关于适用对象

《信用办法》第三条明确本办法适用于已办理税务登记，从事生产、经营并适用查账征收的企业纳税人（以下简称纳税人）。

（二）关于管理原则

《信用办法》第五条明确对纳税信用管理遵循客观公正、标准统一、分级分类、动态调整的原则。客观公正指纳税信用评价主要依据纳税人税法遵从的客观记录和积累；标准统一指纳税信用评价在国税局、地税局采用统一的评价指标和扣分标准；分级分类指区分纳税人的信用级别，规定不同的管理和服务措施；动态调整指税务机关可根据信用信息的变化调整纳税人以前年度的信用记录或者复核后调整当期的信用评价结果，税务总局可根据税收政策和征管办法的改变对全国统一的评价指标适时调整和修订。

（三）关于管理方式

《信用办法》第六条明确税务总局推进纳税信用管理工作的信息化，规范统一纳税信用管理，尽量减少人为干预，切实减轻纳税人和基层税务机关的工作负担。

（四）关于经常性指标和非经常性指标及扣分基础

经常性指标是纳税人在评价年度内经常产生的指标信息，包括涉税申报信息、税（费）款缴纳信息、发票与税控器具信息、登记与账簿信息；非经常性指标是纳税人在评价年度内不经常产生的税务检查等指标信息，主要指税务部门开展的纳税评估、税务审计、反避税调查信息和税务稽查信息。纳税人评价年度内经常性指标和非经常性指标信息齐全的，从100分扣起；非经常性指标缺失的，从90分扣起。

（五）关于纳税信用评价周期

《信用办法》第十七条规定，纳税信用评价周期为一个纳税年度。参照企业所得税法、《最高人民法院关于审理偷税抗税刑事案件具体应用法律若干问题的解释》的相关规定，《信用办法》所称“纳税年度”为自然年，从1月1日到12月31日。

（六）关于不参加本期信用评价的情形

《信用办法》第十七条规定纳税人在评价年度内如果有6种情形之一，则不参加本期的信用评价。其中“纳入纳税信用管理时间不满一个评价年度的”是指在评价年度内新办理税务登记的纳税人。“本评价年度内无生产经营业务收入的”是指纳税人在评价年度内无主营业务收入申报的，此类情形常见于筹建中、停业或者歇业的纳税人等。“因涉嫌税收违法被立案查处尚未结案的”包括税务机关立案查处尚未结案或司法机关立案查处尚未结案的情形，不包括特别纳税调整调查。因相关部门检查（不包括特别纳税调整）、审计或者处于复议、诉讼阶段尚未结案的纳税人，在当期评价年度内不参与信用评价，但《信用办法》第二十五条规定，如果所列情形解除，纳税人可以向税务机关申请补充纳税信用评价，税务机关应补录纳税人的信用评价结果。

（七）关于不能评为A级纳税人的情形

《信用办法》第十九条规定了不能评价为A级纳税人的4种情形。第一项“实际生产经营期不满3年的”限定，主要考虑信用是长期积累的结果。经统计分析，纳税人经营存续期平均在3~5年，纳税人实际经营后有一个适应期和成长期，依法遵从能力随存续时间会逐步提升。“实际生产经营期”自纳税人向税务机关申报主营业务收入和申报缴纳相关税款之日起计算。第二项“上一评价年度纳税信用评价结果为D级的”，与本办法第三十二条对D级纳税人采取的管理措施第七项对应，是针对严重失信行为的一项管理措施，主要考虑纳税信用评价结果是对纳税人上一年度纳税信用状况的评价，评价后对纳税人的管理措施应有一定的持续时间。第三项“非正常原因”是指排除纳税人正常经营，包括季节性生产经营、享受政策性减免税等情况之外的其他原因。

（八）关于直接判为D级纳税人的情形

《信用办法》第二十条明确了10种可以直接判为D级纳税人的情形。第一至四项的逻辑是：第一项指纳税人行为被法院判决“构成涉税犯罪的”；第二项指纳税人行为虽未构成犯罪，但由于情节较为严重，被税务稽查部门作出“定性”处理，即使已按要求缴纳税款、滞纳金、罚款，也应该直接判为D级；第三项指不论情节是否严重，不按税务机关（包括税务稽查、纳税评估、税务审计、反避税调查部门）处理结论缴纳或足额缴纳税款、滞纳金、罚款的，都直接判为D级；第四项指抗税和拒绝税务稽查的行为。

另外，第一项用“逃避缴纳税款”概念是与《刑法》衔接，第二项用“偷税”概念是与《税收征收管理法》（以下简称《税收征管法》）衔接；明确偷税金额10万元和比例在10%以上的界线，一是参照《刑法修正案（七）》的有关规定，二是对纳税人行为给予一定的容错率。第八项“有非正常户记录或由非正常户直接责任人员注册登记或者负责经营的”是为了防范非正常户以重新注册新企业的方式来逃避税务监管，“非正常户”是指已办理税务登记，未按照规定的期限申报纳税，在税务机关责令其限期改正后，逾期不改正，并经税务机关派员实地检查，查无下落且无法强制其履行纳税义务的纳税人。非正常户不但影响税收征管，而且破坏市场经济运行秩序，其危害主要表现在逃避纳税义务、不按规定验销发票、虚开代开增值税专用发票等方面，税务机关应该对其加强管理力度。第九项“由D级纳税人的直接责任人员注册登记或者负责经营的”与第三十二条第一项对应，是针对严重失信行为的一项管理措施。

（九）关于不影响纳税人纳税信用评价的情形

《信用办法》第二十一条规定了不影响纳税人信用评价的情形，其中，第二项“非主观故意的计算公式运用错误以及明显的笔误造成未缴或者少缴税款的”依据的是《税收征管法》第五十二条和《税收征管法实施细则》第八十一条的规定。

（十）关于纳税人信用信息公开的依据

《税收征管法实施细则》第五条规定“为纳税人、扣缴义务人保密的情况，是指纳税人、扣缴义务人的商业秘密及个人隐私。纳税人、扣缴义务人的税收违法行为不属于保密范围”。《纳税人涉税保密信息管理暂行办法》（国税发〔2008〕93号）第四条规定“税务机关可以披露纳税人的有关涉税信息，主要包括……纳税信用等级以及定期定额户的定额等信息”。国务院办公厅印发的《2014年政府信息公开工作要点》（国办发〔2014〕12号）强调要“推进行政处罚信息公开”“推动公共监管信息公开”，特别是“依法公开行政机关在行政管理中掌握的信用信息，以政务诚信示范引领全社会诚信建设”。因此，《信用办法》第二十三条税务机关每年4月确定上一年度纳税信用评价结果，并为纳税人提供自我查询服务，和第二十七条税务机关对年度纳税信用评价结果，按分级分类原则，依法有序开放是有依据的。“有序开放”并非指全部主动向社会公开，纳税信用信息的发布主要有四种渠道：社会共享、政务共享、有限共享和依申请查询。税务机关将主动公开A级纳税人名单及相关信息，并根据社会信用体系建设的需要以及与相关部门信用信息共建共享合作备忘录、协议等规定，逐步开放B、C、D级纳税人名单及相关信息。对重大税收违法案件信息进行定期或者不定期公布的规定，与国家税务总局关于发布《重大税收违法失信案件信息公布办法》的公告相衔接。

（十一）关于纳税信用评价结果的复评

纳税信用管理是一项为纳税人、为推进社会诚信建设的服务举措。《信用办法》第二十四条规定，当纳税人对纳税信用评价结果有异议时，可以书面向作出评价的税务机关申请复评，作出评价的税务机关应按照本办法第三章“纳税信用评价”中的规定，对纳税人的信用状况进行复核。

（十二）关于守信激励和失信惩戒的措施

税务机关按照守信激励、失信惩戒原则对不同信用级别的纳税人实施分类服务和管理的措施，同时，按照国务院“让守信者一路畅通、让失信者寸步难行”的要求，A、D级纳税人还将适用税务机关与相关部门共同实施的守信联合激励和失信联合惩戒措施。《信用办法》第二十九条具体规定了对A级纳税人的激励措施。第三十二条具体规定了对D级纳税人的惩戒措施，其中第一项规定与第二十条第九项规定对应。第六项将纳税信用评价结果通报相关部门，在行政许可、政府采购、招标投标、劳动就业、社会保障、科研管理、干部选拔任用和管理监督、申请政府资金支持等方面依法予以限制的规定，参照了社会信用体系建设部际联席会议发起的《信用信息共建共享合作备忘录》和2014年4月23日国务院常务会议研究的《关于促进市场公平竞争维护市场正常秩序的若干意见》精神。第七项“D级评价保留2年”的规定，主要考虑纳税信用评价结果是对纳税人上一年度纳税信用状况的评价，评价后对纳税人的管理措施应有一定的持续时间。

2018年2月1日，国家税务总局发布进一步完善纳税信用评价的公告，增加参与纳税评价的企业及信用评价时限；增设M级纳税信用级别，纳税信用级别由A、B、C、D四级变更为A、B、M、C、D五级。

综服企业应努力获得纳税信用A类级别。

综服企业如果能够获得纳税信用A类级别，税务机关将给予下列激励措施：

1. 主动向社会公告年度A级纳税人名单；

2. 一般纳税人可单次领取3个月的增值税发票用量，需要调整增值税发票用量时即时办理；

3. 普通发票按需领用；

4. 连续3年被评为A级信用级别（简称“3连A”）的纳税人，除享受以上措施外，还可以由税务机关提供绿色通道或专门人员帮助办理涉税事项；

5. 税务机关与相关部门实施的联合激励措施，以及结合当地实际情况采取的其他激励措施。

6.3 综服企业外汇动态分类管理

从2012年开始，国家外汇管理局以监测分析为基础，动态调整货物贸易企业分类，将企业分成A、B、C类，从根本上改变了过去“一人得病，大家吃药”的管理模式，把监管的重点集中在B、C类企业上，起到了“激励守法者，约束可疑者，惩戒违规者”的作用。货物贸易外汇管理制度改革后，外汇管理局的监管视线从所有的进出口企业集中到重点监测企业，特别是4000多家B、C类企业，注销诸多“空壳企业”，有效地提升了外汇监控水平。

2016年4月26日，国家外汇管理局发布《关于进一步促进贸易投资便利化完善真实性审核的通知》（汇发〔2016〕7号）。在简化A类企业货物贸易外汇收入管理的同时，“货物贸易外汇管理分类等级为A类的企业贸易外汇收入（不含退汇业务及离岸转手买卖业务）暂不进入出口收入待核查账户，可直接进入经常项目外汇账户或结汇”，加强了对B类企业的管理，“货物贸易外汇管理分类等级为B类的企业暂停办理离岸转手买卖外汇收支业务”。

对于综服企业而言，申请到A类企业，则进口付汇单证简化，可凭进口报关单、合同或发票等任何一种能够证明交易真实性的单证在银行直接办理付汇，出口收汇无须联网核查；银行办理收付汇审核手续相应简化。

若综服企业因违反外汇管理规定从A类企业降级为B类，或B类企业在分类监管期内合规性状况未见好转的，将延长分类监管期或被降级为C类，这对企业的经营带来诸多的困难，不利于提升客户服务水准。因此，建立良好的企业外汇收汇监控机制非常关键。

国家外汇管理局　海关总署　国家税务总局关于
货物贸易外汇管理制度改革的公告

（联合公告2012年第1号）

为大力推进贸易便利化，进一步改进货物贸易外汇服务和管理，国家外汇管理局、海关总署、国家税务总局决定，自2012年8月1日起在全国实施货物贸易外汇管理制度改革，并相应调整出口报关流程，优化升级出口收汇与出口退税信息共享机制。现公告如下：

一、改革货物贸易外汇管理方式

改革之日起，取消出口收汇核销单（以下简称核销单），企业不再办理出口收汇核销手续。国家外汇管理局分支局（以下简称外汇局）对企业的贸易外汇管理方式由现场逐笔核销改变为非现场总量核查。外汇局通过货物贸易外汇监测系统，全面采集企业货物进出口和贸易外汇收支逐笔数据，定期比对、评估企业货物流与资金流总体匹配情况，便利合规企业贸易外汇收支；对存在异常的企业进行重点监测，必要时实施现场核查。

二、对企业实施动态分类管理

外汇局根据企业贸易外汇收支的合规性及其与货物进出口的一致性，将企业分为A、B、C三类。A类企业进口付汇单证简化，可凭进口报关单、合同或发票等任何一种能够证明交易真实性的单证在银行直接办理付汇，出口收汇无须联网核查；银行办理收付汇审核手续相应简化。对B、C类企业在贸易外汇收支单证审核、业务类型、结算方式等方面实施严格监管，B类企业贸易外汇收支由银行实施电子数据核查，C类企业贸易外汇收支须经外汇局逐笔登记后办理。

外汇局根据企业在分类监管期内遵守外汇管理规定情况，进行动态调整。A 类企业违反外汇管理规定将被降级为 B 类或 C 类；B 类企业在分类监管期内合规性状况未见好转的，将延长分类监管期或被降级为 C 类；B、C 类企业在分类监管期内守法合规经营的，分类监管期满后可升级为 A 类。

三、调整出口报关流程

改革之日起，企业办理出口报关时不再提供核销单。

四、简化出口退税凭证

自 2012 年 8 月 1 日起报关出口的货物［以海关“出口货物报关单（出口退税专用）”注明的出口日期为准，下同］，出口企业申报出口退税时，不再提供核销单；税务局参考外汇局提供的企业出口收汇信息和分类情况，依据相关规定，审核企业出口退税。

2012 年 8 月 1 日前报关出口的货物，截至 7 月 31 日未到出口收汇核销期限且未核销的，按本条第一款规定办理出口退税。

2012 年 8 月 1 日前报关出口的货物，截至 7 月 31 日未到出口收汇核销期限但已核销的以及已到出口收汇核销期限的，均按改革前的出口退税有关规定办理。

五、出口收汇逾期未核销业务处理

2012 年 8 月 1 日前报关出口的货物，截至 7 月 31 日已到出口收汇核销期限的，企业应不迟于 7 月 31 日办理出口收汇核销手续。自 8 月 1 日起，外汇局不再办理出口收汇核销手续，不再出具核销单。企业确需外汇局出具相关收汇证明的，外汇局参照原出口收汇核销监管有关规定进行个案处理。

六、加强部门联合监管

企业应当严格遵守相关规定，增强诚信意识，加强自律管理，自觉守法经营。国家外汇管理局与海关总署、国家税务总局将进一步加强合作，实现数据共享；完善协调机制，形成监管合力；严厉打击各类违规跨境资金流动和走私、骗税等违法行为。

本公告涉及有关外汇管理、出口报关、出口退税等具体事宜，由相关部门另行规定。之前法规与本公告相抵触的，以本公告为准。自2012年8月1日起，本公告附件所列法规全部废止。

特此公告。

国家外汇管理局　海关总署　国家税务总局

二〇一二年六月二十七日

国家外汇管理局关于进一步促进贸易投资便利化完善真实性审核的通知

汇发〔2016〕7号

国家外汇管理局各省、自治区、直辖市分局、外汇管理部，深圳、大连、青岛、厦门、宁波市分局，各中资外汇指定银行：

为推进外汇管理改革，促进贸易投资便利化，支持实体经济发展，防范跨境资金流动风险，现就有关促进外汇管理便利化和完善真实性审核措施通知如下：

一、扩大银行结售汇综合头寸下限。上年度结售汇业务量等值2000亿美元以上的银行，头寸下限调整为-50亿美元；等值200亿至2000亿美元之间的，做市商银行头寸下限调整为-20亿美元，非做市商银行头寸下限调整为-10亿美元；等值10亿美元至200亿美元之间的，做市商银行头寸下限调整为-5亿美元，非做市商银行头寸下限调整为-3亿美元；等值1亿美元至10亿美元之间的银行，头寸下限调整为-2亿美元；等值1亿美元以下以及新取得结售汇业务资格的银行，头寸下限调整为-0.5亿美元。调整后的结售汇综合头寸下限，自本通知发布之日起自动生效。

二、丰富远期结汇交割方式。银行为机构客户办理远期结汇业务，在坚持实需原则前提下，到期交割方式可以自主选择全额或差额结算。远期结汇差额结算的货币和参考价遵照执行期权业务的有关外汇管理规定。

三、简化A类企业货物贸易外汇收入管理。货物贸易外汇管理分类等级为A类的企业贸易外汇收入（不含退汇业务及离岸转手买卖业务）暂不进入出口收入待核查账户，可直接进入经常项目外汇账户或结汇。

四、统一中、外资企业外债结汇管理政策，中资非金融企业借用的外债资金可以按现行外商投资企业外债管理规定结汇使用。

五、规范货物贸易离岸转手买卖外汇收支管理。银行为企业办理离岸转手买卖收支业务时，应逐笔审核合同、发票、真实有效的运输单据、提单仓单等货权凭证，确保交易的真实性、合规性和合理性。同一笔离岸转手买卖业务应在同一家银行网点采用同一币种（外币或人民币）办理收支结算。

货物贸易外汇管理分类等级为B类的企业暂停办理离岸转手买卖外汇收支业务。

六、规范直接投资外汇利润汇出管理。银行为境内机构办理等值5万美元以上（不含）利润汇出，应按真实交易原则审核与本次利润汇出相关的董事会利润分配决议（或合伙人利润分配决议）、税务备案表原件及证明本次利润情况的财务报表。每笔利润汇出后，银行应在相关税务备案表原件上加章签注该笔利润实际汇出金额及汇出日期。

七、规范货物贸易风险提示函管理措施。国家外汇管理局分支局（以下简称外汇局）可对资金流与货物流严重不匹配或资金单向流动较大的企业发送风险提示函（见附件），要求其在10个工作日内说明情况。企业未及时说明情况或不能提供证明材料并做出合理解释的，外汇局可依据《货物贸易外汇管理指引实施细则》第五十五条等规定，将其列为B类企业，实施严格监管。此类企业列入B类后，符合相关指标连续3个月正常等条件的，外汇局可将其恢复为A类。

八、违反本通知规定的，由外汇局根据《外汇管理条例》依法处罚。

九、本通知自发布之日起施行。《国家外汇管理局关于加强外汇资金流入管理有关问题的通知》（汇发〔2013〕20号）同时废止。

《国家外汇管理局关于印发货物贸易外汇管理法规有关问题的通知》（汇发〔2012〕38号）、《国家外汇管理局关于发布〈外债登记管理办法〉的通知》（汇发〔2013〕19号）、《国家外汇管理局关于印发服务贸易外汇管理法规的通知》（汇发〔2013〕30号）、《国家外汇管理局关于进一步改进和调整资本项目外汇管理政策的通知》（汇发〔2014〕2号）、《国家外汇管理局关于废止和修改涉及注册资本登记制度改革相关规范性文件的通知》（汇发〔2015〕20号）等以往规定与本通知内容不一致的，以本通知为准。

各分局、外汇管理部接到本通知后，应尽快转发辖内中心支局、支局和外汇指定银行，并认真遵照执行。

附件：国家外汇管理局××分（支）局风险提示函（略）

国家外汇管理局

2016年4月26日

6.4　关于综服企业信用建设的建议

为贯彻落实国务院转变职能简政放权、加快出口退税进度促进外贸稳定增长的要求，国家税务总局发布关于《出口退（免）税企业分类管理办法》的公告（国家税务总局公告 2015 年第 2 号），按照出口退（免）税企业的资产状况、纳税信用等级、内部风险控制等将企业分四类实施差别化管理，对纳税遵从度高、信誉好的一类企业简化管理手续，退免税审批时间缩短至 5 个工作日以内；对纳税遵从度低、信誉差的四类企业退税则须经过严格审核。2016 年 7 月 13 日，国家税务总局发布 2016 年第 46 号公告，对《出口退（免）税企业分类管理办法》进行了修订（详见附录 7.2.1）。

2016 年第 46 号公告中明确规定，综服企业如果评定为一类出口企业，应同时符合下列条件：

1. 近 3 年未发生过虚开增值税专用发票或者其他增值税扣税凭证、骗取出口退税行为；

2. 上一年度的年末净资产大于上一年度该企业已办理出口退税额的 30%；

3. 上一年度申报从事外贸综合服务业务的出口退税额，大于该企业全部出口退税额的 80%；

4. 评定时纳税信用级别为 A 级或 B 级；

5. 评定时海关企业信用管理类别为高级认证企业或一般认证企业；

6. 评定时外汇管理的分类管理等级为 A 级；

7. 企业内部建立了较为完善的出口退（免）税风险控制体系。

从中可以看出，国家税务总局对企业的分类，既借鉴海关的信用管理（评定时海关企业信用管理类别为高级认证企业或一般认证企业），又同时借鉴外汇管理局的分类管理（评定时外汇管理的分类管理等级为A级)，将“守信者畅行天下，失信者寸步难行”以法律法规的形式公之于众。

综服企业应努力获得出口退税一类管理类别。

综服企业如果能够获得出口退税一类管理类别，将大大加快出口退税进度，有利于提升综服企业的运营效率和获得更大的时间红利。

作为新事物、新业态，综服企业虽然在外贸形势严峻的背景下受到国务院“点名”鼓励发展，各部委局和各地方政府也相继出台扶植措施，但是，综服企业面临来自方方面面的监管，因此，加强自身信用建设尤其重要。从税务便利的角度看，不仅要纳税信用级别为A级或B级，还要争取至少成为海关信用一般认证企业以及外汇管理分类A类企业，才能享受到出口退（免）税的快捷办理，从而加强自身的核心竞争力。

同时，作为平台型企业，综服企业连接着众多中小微生产企业，又与报关报检代理、运输代理、金融保险机构等合作，因此，其不仅要关注自身信用体系的建设，还要关注商业合作伙伴信用体系的建设。通过风险控制体系和标准作业流程的建设，对客户资信调查、接单审证、货源采购、质量检验、通关出运、货物保险、交单结汇、实货交付、海外分拨等各环节实行标准化管理，及时发现合作伙伴的违规迹象，果断放弃与故意违规企业的合作，从而维护好其自身信用体系的信誉。

7

附 录

7.1 国务院及国办出台的部分外贸综合服务政策

7.1.1 国务院关于加快培育外贸竞争新优势的若干意见（国发〔2015〕9号）

各省、自治区、直辖市人民政府，国务院各部委、各直属机构：

对外贸易是我国开放型经济体系的重要组成部分和国民经济发展的重要推动力量。在国际环境和国内发展条件都发生重大变化的历史背景下，保持我国外贸传统优势、加快培育竞争新优势是事关我国发展全局的重大问题。为巩固外贸传统优势、加快培育竞争新优势，实现我国对外贸易持续健康发展，推动我国由贸易大国向贸易强国转变，现提出如下意见：

一、充分认识加快培育外贸竞争新优势的重要性和紧迫性

经过改革开放30多年的发展，我国对外贸易取得举世瞩目的成就，2013年跃居世界第一货物贸易大国，对于推动我国经济社会发展、提高国家综合实力和国际影响力、加强与世界经济融合发挥了不可取代的重要作用。当前，世界经济仍处在国际金融危机后的深度调整期，全球总需求不振，大规模国际产业转移明显放缓，世界科技和产业革命孕育新突破，贸易保护主义持续升温。我国经济正处于“三期叠加”阶段，经济发展进入新常态。今后一段时期，外贸发展既面临重要机遇期，出口竞争优势依然存在，也面临严峻挑战，传统竞争优势明显削弱，新的竞争优势尚未形成。企业创新能力亟待增强，品牌产品占比偏低，同质化竞争较为普遍。参与国际贸易规则制定的能力有待提升，外贸体制和营商环境需进一步改进。必须适应新形势新要求，努力巩固外贸传统优势，加快培育竞争新优势，继续发挥出口对经济发展的重要作用。这既是巩固贸易大国、建设贸易强国的必由之路，也是促进我国经济持续健康发展的战略选择，对于实

现“两个一百年”奋斗目标和中华民族伟大复兴的中国梦，具有重大而深远的意义。

二、总体要求

（一）指导思想。深入贯彻党的十八大和十八届二中、三中、四中全会精神，认真落实党中央、国务院的决策部署，充分发挥市场配置资源的决定性作用和更好发挥政府作用，主动适应经济新常态，统筹考虑和综合运用国际国内两个市场、两种资源，着力调整优化贸易结构、转变外贸发展方式，提升我国外贸在全球价值链中的地位，提高外贸增长的质量和效益，实现外贸持续健康发展，推动我国由贸易大国向贸易强国转变，为国民经济和社会发展作出更大贡献。

（二）基本原则。深化改革，创新驱动。深化外贸体制机制改革，营造创新发展环境。增强科技创新能力，创新商业模式和贸易业态，集成新的竞争优势，增强外贸发展的内生动力。

开放引领，互利共赢。以更大范围、更广领域、更高层次的开放，通过“走出去”与“引进来”相结合带动贸易增长，扩大与贸易伙伴利益汇合点，形成更加和谐稳定的发展环境，共创更大市场空间。

内外联动，持续发展。更加积极地促进内需和外需平衡、进口和出口平衡、引进外资和对外投资平衡，逐步实现国际收支平衡，构建开放型经济新体制。

统筹规划，分类指导。加强规划指导和统筹推进，因地制宜、分类施策，实现货物贸易与服务贸易、贸易与投资、传统产业与新兴产业、沿海与内陆协调互动发展。

夯实基础，重点突破。加强贸易与产业的结合，全面参与全球价值链、产业链重构进程，提高产业国际竞争力。

（三）目标任务。巩固贸易大国地位，推进贸易强国进程。努力提高新兴市场、中西部地区、一般贸易、服务贸易和品牌产品在我国外贸中的占比。力争到2020年，外贸传统优势进一步巩固，竞争新优势培育取得实质性进展。着力优化国际市场布局，推进市场多元化；着力优化国内区域布局，推动东中西部协调发展；着力优化外贸商品结构，提升出口附加值和技术含量；着力优化经营主体结构，促进各类企业共同发展；着力优化贸易方式，推进对外贸易转型升级。

大力推动我国外贸由规模速度型向质量效益型转变，努力实现五个转变：一是推动出口由货物为主向货物、服务、技术、资本输出相结合转变；二是推动竞争优势由价格优势为主向技术、品牌、质量、服务为核心的综合竞争优势转变；三是推动增长动力由要素驱动为主向创新驱动转变；四是推动营商环境由政策引导为主向制度规范和营造法治化国际化营商环境转变；五是推动全球经济治理地位由遵守、适应国际经贸规则为主向主动参与国际经贸规则制订转变。

三、 大力推动外贸结构调整

（一）推动国际市场结构调整。推动进出口市场结构从传统市场为主向多元化市场全面发展转变。深耕美、欧、日等传统市场。加大拉美、非洲等新兴市场开拓力度，综合考虑经济规模、发展速度、资源禀赋、风险程度等因素，选择若干个新兴市场重点开拓，逐步提高新兴市场在我国外贸中的比重。扩大先进技术设备进口，促进质量好、档次高、具有比较优势的产业和产品出口。

（二）推动国内区域协调发展。按照国家对重点产业布局和产业转移的总体部署，形成有利于发挥地区比较优势、产业链合理分工的新局面。鼓励东部地区重点发展高端产业、高增值环节和总部经济，提高贸易的质量和效益，发挥示范带动作用。支持中西部地区结合地方实际，积极承接东部地区产业转移，规模与质量并重提升。加快沿边开放步伐，有序发展跨境经济合作区，扩大与周边国家经贸往来。

（三）推动各类外贸经营主体协调发展。鼓励行业龙头企业延长产业链，提高国际化经营水平。推动优势企业强强联合、跨地区兼并重组和对外投资合作。加快形成一批在全球范围内配置要素资源、布局市场网络的具有跨国经营能力的大企业。鼓励创新型、创业型和劳动密集型中小微企业发展，支持企业走“专精特新”和与大企业协作配套发展的道路。支持有创新能力的外向型民营企业发展。

(四) 推动外贸商品结构调整。加强对重点行业出口的分类指导。继续巩固和提升纺织、服装、箱包、鞋帽、玩具、家具、塑料制品等劳动密集型产品在全球的主导地位。提升农产品精深加工能力和特色发展水平。强化电力、轨道交通、通信设备、船舶、工程机械、航空航天等装备制造业和大型成套设备出口的综合竞争优势，着力扩大投资类商品出口。进一步提高节能环保、新一代信息技术、新能源等战略性新兴产业的国际竞争力。扩大先进技术设备、关键零部件等进口，促进产业结构调整和优化升级。稳定能源资源产品进口，完善战略储备体系。合理增加一般消费品进口，引导境外消费回流。促进贸易平衡，继续对最不发达国家部分进口产品实施零关税待遇。

(五) 推动贸易方式优化。做强一般贸易，扩大一般贸易规模，提升一般贸易出口产品的附加值，增加品牌产品出口，发挥品牌增值效应，提高盈利能力。创新加工贸易模式，促进沿海地区加工贸易转型升级，向品牌、研发、分拨和结算中心等产业链高端延伸，稳妥推进有条件的企业将整机、零部件、原材料配套、研发结算等向内陆和沿边地区转移，形成产业集群，构建发展新格局。加快边境贸易创新发展和转型升级。

(六) 大力发展服务贸易。推动服务贸易便利化。培育服务新业态，加强研发服务、技术转移等科技服务业发展。稳定和拓展旅游、运输、劳务等传统服务业出口；扩大金融、物流等服务业对外开放；重点培育和扩大通信、金融、会计等新兴服务贸易，提升服务业国际化水平，提高服务贸易在对外贸易中的比重。推进国内服务市场健全制度、标准、规范和监管体系，促进专业人才和专业服务跨境流动便利。积极发展服务外包。

四、加快提升对外贸易国际竞争力

（一）加快提升出口产品技术含量。加快运用现代技术改造传统产业，提升劳动密集型产品质量、档次和技术含量，推动传统产业向中高端迈进。利用资本市场大力支持传统产业收购兼并。着力构建以企业为主体、市场为导向、产学研贸相结合的技术创新体系。加大科技创新投入，支持企业原始创新。鼓励企业以进口、境外并购、国际招标、招才引智等方式引进先进技术，促进消化吸收再创新。支持国内企业通过自建、合资、合作等方式设立海外研发中心。鼓励跨国公司和境外科研机构在我国设立研发机构。支持企业、行业组织参与国际标准制订，大力推动我国标准国际化，支持通信等领域的技术标准在海外推广应用。

（二）加快培育外贸品牌。研究建立出口品牌统计制度。引导企业加强品牌建设。推动有条件的地区、行业和企业建立品牌推广中心，推介拥有核心技术的品牌产品。鼓励企业创立品牌，鼓励有实力的企业收购品牌，大力培育区域性、行业性品牌。支持企业开展商标和专利的国外注册保护，开展海外维权。采取多种方式，加大中国品牌海外推介力度。

（三）加快提高出口产品质量。积极采用国际先进质量标准，建立国际认可的产品检测和认证体系，鼓励企业按照国际标准组织生产和质量检验。推动出口产品质量安全示范区建设。加快推进与重点出口市场检验体系和证书互认。加强重要产品追溯体系建设，完善产品质量安全风险预警与快速反应机制，建立完善出口产品质量检测公共平台，支持出口企业开展质量管理体系认证。加强出口农产品质量提升工作，加大对外技术质量磋商谈判力度，稳定出口食品农产品质量安全水平。严厉打击出口侵犯知识产权和假冒伪劣商品违法行为。

（四）加快建立出口产品服务体系。鼓励企业将售后服务作为开拓国际市场的重要途径，提升服务质量，完善服务体系。鼓励企业有计划地针对不同市场、不同产品，采取与国外渠道商合作、自建等方式，建设服务保障支撑体系，完善售后服务标准，提高用户满意度。积极运用信息技术发展远程监测诊断、运营维护、技术支持等售后服务新业态。在境外建立电力、通信、轨道交通等大型成套设备的售后维修服务中心和备件生产基地，带动中国装备和服务出口。

（五）加快培育新型贸易方式。大力推动跨境电子商务发展，积极开展跨境电子商务综合改革试点工作，抓紧研究制订促进跨境电子商务发展的指导意见。培育一批跨境电子商务平台和企业，大力支持企业运用跨境电子商务开拓国际市场。鼓励跨境电子商务企业通过规范的“海外仓”等模式，融入境外零售体系。促进市场采购贸易发展，培育若干个内外贸结合商品市场，推进在内外贸结合商品市场实行市场采购贸易，扩大商品出口。培育一批综服企业，加强其通关、物流、退税、金融、保险等综合服务能力。

（六）加强区域开放载体建设。深化中国（上海）自由贸易试验区改革开放，在全国复制推广改革试点经验。推进广东、天津、福建三个新设自由贸易试验区的建设，做好中国（上海）自由贸易试验区扩区等工作，并逐步扩大试点范围，形成各具特色的改革开放高地。积极探索开放平台转型升级的新途径，将国家级经济技术开发区、国家高新技术产业开发区、海关特殊监管区域等各类园区打造成为我国高端制造、物流、研发、销售、结算、维修中心。

（七）加快建设对外贸易平台。加快外贸转型升级基地建设，培育一批综合型、专业型和企业型基地。加快贸易促进平台建设，培育若干个国际知名度高、影响力大的国家级会展平台，打造重点行业国际知名专业展会。培育一批进口促进平台，发挥其对进口的促进作用。加强培育有国际影响力的证券、大宗商品及金融衍生品市场，提升参与国际市场竞争的能力。加快国际营销网络建设，鼓励企业在境外建设展示中心、分拨中心、批发市场、零售网点等。

五、 全面提升与“一带一路” 沿线国家经贸合作水平

（一）深化贸易合作。稳定劳动密集型产品等优势产品对沿线国家出口，抓住沿线国家基础设施建设机遇，带动大型成套设备及技术、标准、服务出口。顺应沿线国家产业转型升级趋势，加快机电产品和高新技术产品出口。加快与相关国家开展农产品检验检疫合作及准入谈判，扩大与沿线国家农产品贸易。扩大自沿线国家进口，促进贸易平衡。

（二）大力拓展产业投资。推动我国优势产业产能走出国门，促进中外产能合作，拓展发展空间。鼓励较高技术水平的核电、发电及输变电、轨道交通、工程机械、汽车制造等行业企业到沿线国家投资。支持轻工纺织、食品加工等行业企业到沿线国家投资办厂。开展农牧渔业、农机及农产品流通等领域深度合作。深化能源资源合作，加强海洋经济合作。支持境外产业园区、科技园区等建设，促进产业集聚发展。

（三）优化周边经贸发展格局。巩固和扩大电力输送、光缆通信等合作，加快形成面向中亚、俄蒙、新欧亚大陆桥、东南亚、南亚等地区的国际大通道。以重点经贸产业园区为合作平台，着力推进重点开发开放试验区、境外经贸合作区、跨境经济合作区、边境经济合作区建设，共同打造若干国际经济合作走廊。扎实推动中巴经济走廊和孟中印缅经济走廊建设，指导我国企业有序参与建设活动。

六、 努力构建互利共赢的国际合作新格局

（一）加快对外贸易与对外投资有效互动。深化对外投资管理体制改革，实行备案为主的管理模式，提高对外投资便利化水平。加快推进签订高水平的投资协定，推动制订投资规则。大力推动中国装备“走出去”，推进国际产能合作，提升合作层次。着力推动家用电器、机械装备等行业有实力、有条件的企业加快境外产业合作，积极稳妥开展境外技术和营销网络等并购。深化国际能源资源开发和加工互利合作，稳步推进境外农业

投资合作，带动相关产品进出口。创新对外投资合作方式，支持开展绿地投资、联合投资等，带动我国产品、技术、标准、服务出口。

（二）进一步提高利用外资的质量和水平。稳定外商投资规模和速度，提高引进外资质量。创新利用外资管理体制，探索实行准入前国民待遇加负面清单管理模式。将承接国际制造业转移和促进国内产业转型升级相结合，积极引导外资投向新兴产业、高新技术、节能环保等领域。鼓励跨国公司在华设立地区总部、采购中心、财务管理中心，促进引资与引智相结合，进一步发挥外资作为引进先进技术、管理经验和高素质人才载体的作用。

（三）加快实施自贸区战略。继续维护多边贸易体制在全球贸易发展中的主导地位，以开放的态度加快实施自贸区战略，发挥自贸区对贸易投资的促进作用。尽早签署并实施中国—韩国、中国—澳大利亚自贸协定，积极推动中国—东盟自贸区升级谈判，推进中日韩、区域全面经济伙伴关系（RCEP）、中国—海湾国家合作委员会、中国—以色列、中国—斯里兰卡等自贸协定谈判和建设进程，稳步推进亚太自贸区建设，适时启动与其他经贸伙伴的自贸协定谈判。大力推动内地和港澳的经济一体化，继续推进两岸经贸合作制度化。加强顶层设计，积极同“一带一路”沿线国家和地区商建自贸区，加快形成立足周边、辐射“一带一路”、面向全球的高标准自贸区网络。

七、 营造法治化国际化营商环境

（一）优化公平竞争的市场环境。学习借鉴成熟市场经济国家的贸易规制，完善符合我国国情和国际惯例的外贸法律法规体系。加强外贸企业诚信体系建设，建立商务、海关、质检、工商等部门协调机制，探索建立进出口企业信用评价体系，以适当方式对外公布或推荐我信用状况良好的企业。加强知识产权保护，依法查处制售侵权假冒商品违法企业，建立诚信守法便利和违法失信惩戒机制。探索建立规范外贸经营秩序新模式，完善重点行业进出口管理和竞争自律公约机制。加强外贸及产业政策的合规性审查。加强双边对话与合作，促美欧等发达国家放宽对华出口管制。

（二）提高贸易便利化水平。加大贸易便利化改革力度，降低贸易成本。推进大通关建设，全面实现口岸管理相关部门信息互换、监管互认、执法互助。加快区域通关一体化改革，建立高效便捷的通关制度，推行通关作业无纸化。增强海关查验的针对性和有效性。加快电子口岸建设，推进国际贸易“单一窗口”建设。建立完善国际贸易供应链管理机制，推动实施“经认证的经营者”（AEO）国际互认。清理规范进出口环节经营性服务和收费，切实减轻企业负担。

（三）提升国际经贸规则话语权。推进全球经济治理体系改革，推动引领多边、区域、双边国际经贸规则制订。继续深入参与多边贸易体制运作，广泛参与出口管制国际规则和管制清单制订。积极参与全球价值链合作，加强贸易增加值核算体系建设，建立健全全球价值链规则制订与利益分享机制。

（四）积极应对贸易摩擦。建立应对贸易摩擦部门协调机制，加强贸易摩擦和贸易壁垒预警机制建设，强化贸易摩擦预警信息公共服务，积极提供法律技术咨询和服务，指导相关行业和企业应对贸易摩擦。积极参加多双边规则谈判，充分利用世界贸易组织规则，有效化解贸易摩擦和争端。分析评估国外贸易投资法律、政策及措施，调查涉及我国的歧视性贸易壁垒措施并开展应对。依法发起贸易救济调查，维护国内产业安全和企业合法权益。

八、完善政策体系

（一）深化外贸体制改革。完善外贸政策协调机制，加强财税、金融、产业、贸易等政策之间的衔接和配合。完善外贸促进政策和体系。根据安全标准、环保标准、社会责任等要求，依法完善商品进出口管理。加强外贸行政审批事项下放后的监管体系建设，强化事中事后监管。优化通关、质检、退税、外汇管理方式等，加快海关特殊监管区域整合优化，支持跨境电子商务、外贸综合服务平台、市场采购贸易等新型贸易方式发展。

（二）加强贸易政策与产业政策的协调。适时修订产业结构调整指导目录和外商投资产业指导目录。促进战略性新兴产业国际化发展，密切跟踪世界科技和产业发展方向，突破一批关键核心技术，加快形成先导性、支柱性产业。加强贸易政策和产业政策的互动，鼓励优势产业产能向外拓展发展空间。加快产业布局调整，推进区域协调发展。进一步深化国际产业合作，提高国际竞争力。

（三）完善财税政策。在现有支持政策基础上进一步丰富和完善支持内容和方式，加强对社会资金的引导，改善公共服务，促进优化对外贸易结构和布局，推动创新发展、品牌培育、产品和服务质量提升及国际营销网络、境外服务机构建设。促进边境贸易发展。完善支持服务贸易发展的政策促进体系。进一步优化进出口关税结构。逐步实施国际通行的退税政策，进一步完善出口退税分担机制。

（四）完善金融政策。鼓励金融机构为企业在境外提供融资支持。支持金融机构灵活运用流动资金贷款等方式，加强对有效益的企业的信贷支持。积极创新外汇储备运用，通过外汇储备委托贷款等多种方式支持企业“走出去”。研究建立融资保险长期制度性安排，强化对外贸发展的促进和保障作用。扩大人民币在跨境贸易和投资中的使用，继续完善人民币汇率形成机制。鼓励金融机构向企业提供更多的直接或间接投融资产品，开发适应实体经济发展需要的避险产品和风险管理工具，帮助企业有效规避汇率风险。大力发展政府支持的融资担保和再担保机构，完善银担合作机制，不断创新产品和服务。鼓励金融机构“走出去”，加快金融机构海外布局，提高为实体企业服务的能力。

（五）提高公共服务能力。加强对重点市场相关法律、准入政策、技术法规等收集发布。加快技术性贸易措施公共信息服务平台建设。发挥驻外使领馆在提供市场信息、应对贸易摩擦等方面的作用。深化商协会管理体制改革，推动其在行业信息交流、行业标准体系建设、组织企业参加国内外展会、推进行业自律等方面发挥更大作用。加强外贸人才培养，营造良好的外贸人才发展环境。大力发展职业教育和培训，提升劳动者职业技能。

九、 加强组织实施

培育外贸竞争新优势是一项长期的、涉及面广的系统工作，各有关方面要加强协调，形成合力。商务部要会同相关部门制订培育外贸竞争新优势的行动计划，建立协调工作机制。各部门要抓紧研究制订具体工作方案。地方各级人民政府要结合本地实际，出台有针对性的相关措施，抓好政策落实工作。

国务院

2015 年 2 月 12 日

7.1.2 国务院办公厅关于促进跨境电子商务健康快速发展的指导意见（国办发〔2015〕46 号）

各省、自治区、直辖市人民政府，国务院各部委、各直属机构：

近年来，我国跨境电子商务快速发展，已经形成了一定的产业集群和交易规模。支持跨境电子商务发展，有利于用“互联网+外贸”实现优进优出，发挥我国制造业大国优势，扩大海外营销渠道，合理增加进口，扩大国内消费，促进企业和外贸转型升级；有利于增加就业，推进大众创业、万众创新，打造新的经济增长点；有利于加快实施共建“一带一路”，推动开放型经济发展升级。为促进我国跨境电子商务健康快速发展，经国务院批准，现提出以下意见：

一、支持国内企业更好地利用电子商务开展对外贸易。加快建立适应跨境电子商务特点的政策体系和监管体系，提高贸易各环节便利化水平。鼓励企业间贸易尽快实现全程在线交易，不断扩大可交易商品范围。支持跨境电子商务零售出口企业加强与境外企业合作，通过规范的“海外仓”、体验店和配送网店等模式，融入境外零售体系，逐步实现经营规范化、管理专业化、物流生产集约化和监管科学化。通过跨境电子商务，合理增加消费品进口。

二、鼓励有实力的企业做大做强。培育一批影响力较大的公共平台，为更多国内外企业沟通、洽谈提供优质服务；培育一批竞争力较强的综服企业，为跨境电子商务企业提供全面配套支持；培育一批知名度较高的自建平台，鼓励企业利用自建平台加快品牌培育，拓展营销渠道。鼓励国内企业与境外电子商务企业强强联合。

三、优化配套的海关监管措施。在总结前期试点工作基础上，进一步完善跨境电子商务进出境货物、物品管理模式，优化跨境电子商务海关进出口通关作业流程。研究跨境电子商务出口商品简化归类的可行性，完善跨境电子商务统计制度。

四、完善检验检疫监管政策措施。对跨境电子商务进出口商品实施集中申报、集中查验、集中放行等便利措施。加强跨境电子商务质量安全监管，对跨境电子商务经营主体及商品实施备案管理制度，突出经营企业质量安全主体责任，开展商品质量安全风险监管。进境商品应当符合我国法律法规和标准要求，对违反生物安全和其他相关规定的行为要依法查处。

五、明确规范进出口税收政策。继续落实现行跨境电子商务零售出口货物增值税、消费税退税或免税政策。关于跨境电子商务零售进口税收政策，由财政部按照有利于拉动国内消费、公平竞争、促进发展和加强进口税收管理的原则，会同海关总署、税务总局另行制订。

六、完善电子商务支付结算管理。稳妥推进支付机构跨境外汇支付业务试点。鼓励境内银行、支付机构依法合规开展跨境电子支付业务，满足境内外企业及个人跨境电子支付需要。推动跨境电子商务活动中使用人民币计价结算。支持境内银行卡清算机构拓展境外业务。加强对电子商务大额在线交易的监测，防范金融风险。加强跨境支付国内与国际监管合作，推动建立合作监管机制和信息共享机制。

七、提供积极财政金融支持。鼓励传统制造和商贸流通企业利用跨境电子商务平台开拓国际市场。利用现有财政政策，对符合条件的跨境电子商务企业走出去重点项目给予必要的资金支持。为跨境电子商务提供适合的信用保险服务。向跨境电子商务综服企业提供有效的融资、保险支持。

八、建设综合服务体系。支持各地创新发展跨境电子商务，引导本地跨境电子商务产业向规模化、标准化、集群化、规范化方向发展。鼓励综服企业为跨境电子商务企业提供通关、物流、仓储、融资等全方位服务。支持企业建立全球物流供应链和境外物流服务体系。充分发挥各驻外经商机构作用，为企业开展跨境电子商务提供信息服务和必要的协助。

九、规范跨境电子商务经营行为。加强诚信体系建设，完善信用评估机制，实现各监管部门信息互换、监管互认、执法互助，构建跨境电子商务交易保障体系。推动建立针对跨境电子商务交易的风险防范和预警机制，健全消费者权益保护和售后服务制度。引导跨境电子商务主体规范经营行为，承担质量安全主体责任，营造公平竞争的市场环境。加强执法监管，加大知识产权保护力度，坚决打击跨境电子商务中出现的各种违法侵权行为。通过有效措施，努力实现跨境电子商务在发展中逐步规范、在规范中健康发展。

十、充分发挥行业组织作用。推动建立全国性跨境电子商务行业组织，指导各地行业组织有效开展相关工作。发挥行业组织在政府与企业间的桥梁作用，引导企业公平竞争、守法经营。加强与国内外相关行业组织交流合作，支持跨境电子商务企业与相关产业集群、专业商会在境外举办实体展会，建立营销网络。联合高校和职业教育机构开展跨境电子商务人才培养培训。

十一、加强多双边国际合作。加强与“一带一路”沿线国家和地区的电子商务合作，提升合作水平，共同打造若干畅通安全高效的电子商务大通道。通过多双边对话，与各经济体建立互利共赢的合作机制，及时化解跨境电子商务进出口引发的贸易摩擦和纠纷。

十二、加强组织实施。国务院有关部门要制订和完善配套措施，做好跨境电子商务的中长期总体发展规划，定期开展总结评估，支持和推动各地监管部门出台相关措施。同时，对有条件、有发展意愿的地区，就本意见的组织实施做好协调和服务等相关工作。依托现有工作机制，加强部门间沟通协作和相关政策衔接，全力推动中国（杭州）跨境电子商务综合试验区和海峡两岸电子商务经济合作实验区建设，及时总结经验，适时扩大试点。在此基础上，逐步建立适应跨境电子商务发展特点的政策体系和监管体系。

地方各级人民政府要按照本意见要求，结合实际情况，制订完善发展跨境电子商务的工作方案，切实履行指导、督查和监管责任。组建高效、便利、统一的公共服务平台，构建可追溯、可比对的数据链条，既符合监管要求，又简化企业申报办理流程。加大对重点企业的支持力度，主动与相关部门沟通，及时协调解决组织实施工作中遇到的困难和问题。

国务院办公厅
2015 年 6 月 16 日

7.2 国家税务总局发布的部分外贸综合服务政策

7.2.1 国家税务总局关于发布修订后的《出口退（免）税企业分类管理办法》的公告（国家税务总局公告 2016 年第 46 号）

为深入贯彻落实《深化国税、地税征管体制改革方案》和《国务院关于促进外贸回稳向好的若干意见》（国发〔2016〕27 号），进一步优化出口退税管理，更好地发挥出口退税支持外贸发展的职能作用，推进社会信用体系建设，国家税务总局对《出口退（免）税企业分类管理办法》（国家税务总局公告 2015 年第 2 号发布）进行了修订，现予重新发布，自 2016 年 9 月 1 日起施行。《国家税务总局关于发布〈出口退（免）税企业分类管理办法〉的公告》（国家税务总局公告 2015 年第 2 号）同时废止。

特此公告。

国家税务总局

2016 年 7 月 13 日

出口退（免）税企业分类管理办法

第一章 总 则

第一条 为进一步优化出口退（免）税管理，提高纳税人税法遵从度，推进社会信用体系建设，充分发挥出口退税支持外贸发展的职能作用，根据《中华人民共和国税收征收管理法》及其实施细则、相关出口税收规定，制定本办法。

第二条 税务机关应按照风险可控、放管服结合、利于遵从、便于办税的原则，对出口退（免）税企业（以下简称出口企业）进行分类管理。

第三条 出口企业管理类别分为一类、二类、三类、四类。

第四条 各省、自治区、直辖市、计划单列市税务局（以下简称省税务局）负责组织实施本地区出口企业的分类管理工作。

具有出口退（免）税审批权限的税务局负责评定所辖出口企业的管理类别。

第二章 出口企业管理类别的评定标准

第五条 一类出口企业的评定标准。

（一）生产企业应同时符合下列条件：

1. 企业的生产能力与上一年度申报出口退（免）税规模相匹配。

2. 近 3 年（含评定当年，下同）未发生过虚开增值税专用发票或者其他增值税扣税凭证、骗取出口退税行为。

3. 上一年度的年末净资产大于上一年度该企业已办理的出口退税额（不含免抵税额）。

4. 评定时纳税信用级别为 A 级或 B 级。

5. 企业内部建立了较为完善的出口退（免）税风险控制体系。

（二）外贸企业应同时符合下列条件：

1. 近 3 年未发生过虚开增值税专用发票或者其他增值税扣税凭证、骗取出口退税行为。

2. 上一年度的年末净资产大于上一年度该企业已办理出口退税额的 60%。

3. 持续经营 5 年以上（因合并、分立、改制重组等原因新设立企业的情况除外）。

4. 评定时纳税信用级别为 A 级或 B 级。

5. 评定时海关企业信用管理类别为高级认证企业或一般认证企业。

6. 评定时外汇管理的分类管理等级为 A 级。

7. 企业内部建立了较为完善的出口退（免）税风险控制体系。

（三）外贸综合服务企业应同时符合下列条件：

1. 近 3 年未发生过虚开增值税专用发票或者其他增值税扣税凭证、骗取出口退税行为。

2. 上一年度的年末净资产大于上一年度该企业已办理出口退税额的 30%。

3. 上一年度申报从事外贸综合服务业务的出口退税额，大于该企业全部出口退税额的 80%。

4. 评定时纳税信用级别为 A 级或 B 级。

5. 评定时海关企业信用管理类别为高级认证企业或一般认证企业。

6. 评定时外汇管理的分类管理等级为 A 级。

7. 企业内部建立了较为完善的出口退（免）税风险控制体系。

第六条 具有下列情形之一的出口企业，其出口企业管理类别应评定为三类：

（一）自首笔申报出口退（免）税之日起至评定时未满12个月。

（二）评定时纳税信用级别为C级，或尚未评价纳税信用级别。

（三）上一年度累计6个月以上未申报出口退（免）税（从事对外援助、对外承包、境外投资业务的，以及出口季节性商品或出口生产周期较长的大型设备的出口企业除外）。

（四）上一年度发生过违反出口退（免）税有关规定的情形，但尚未达到税务机关行政处罚标准或司法机关处理标准的。

（五）存在省税务局规定的其他失信或风险情形。

第七条 具有下列情形之一的出口企业，其出口企业管理类别应评定为四类：

（一）评定时纳税信用级别为D级。

（二）上一年度发生过拒绝向税务机关提供有关出口退（免）税账簿、原始凭证、申报资料、备案单证等情形。

（三）上一年度因违反出口退（免）税有关规定，被税务机关行政处罚或被司法机关处理过的。

（四）评定时企业因骗取出口退税被停止出口退税权，或者停止出口退税权届满后未满2年。

（五）四类出口企业的法定代表人新成立的出口企业。

（六）列入国家联合惩戒对象的失信企业。

（七）海关企业信用管理类别认定为失信企业。

（八）外汇管理的分类管理等级为C级。

（九）存在省税务局规定的其他严重失信或风险情形。

第八条 一类、三类、四类出口企业以外的出口企业，其出口企业管理类别应评定为二类。

第三章　出口企业管理类别评定及调整

第九条　出口企业管理类别评定工作每年进行 1 次，应于企业纳税信用级别评价结果确定后 1 个月内完成。评定工作完成的次月起，税务机关对出口企业实施对应的分类管理措施。

第十条　申请出口企业管理类别评定为一类的出口企业，应于企业纳税信用级别评价结果确定的当月向主管税务机关报送《生产型出口企业生产能力情况报告》（仅生产企业填报，样式见附件 1）、《出口退（免）税企业内部风险控制体系建设情况报告》（样式见附件 2）。

第十一条　县（区）税务局负责评定出口企业管理类别的，应于评定工作完成后 10 个工作日内将评定结果报地（市）税务局备案；地（市）税务局负责评定的，县（区）税务局须进行初评并填报《出口退（免）税企业管理类别评定表》（附件 3），报地（市）税务局审定。

第十二条　负责评定出口企业管理类别的税务机关，应在评定工作完成后的 15 个工作日内将评定结果告知出口企业，并主动公开一类、四类的出口企业名单。

第十三条　主管税务机关发现出口企业存在下列情形的，应自发现之日起 20 个工作日内，调整其出口企业管理类别：

（一）一类、二类、三类出口企业的纳税信用级别发生降级的，可相应调整出口企业管理类别。

（二）一类、二类、三类出口企业发生以下情形之一的，出口企业管理类别应调整为四类：

1. 拒绝提供有关出口退（免）税账簿、原始凭证、申报资料、备案单证的。

2. 因违反出口退（免）税有关规定，被税务机关行政处罚或被司法机关处理。

3. 被列为国家联合惩戒对象的失信企业。

（三）一类、二类出口企业不配合税务机关实施出口退（免）税管理，以及未按规定收集、装订、存放出口退（免）税凭证及备案单证的，出口企业管理类别应调整为三类。

（四）一类、二类出口企业因涉嫌骗取出口退税被立案查处尚未结案的，暂按三类出口企业管理，待案件查结后，依据查处情况相应调整出口企业管理类别；三类、四类出口企业因涉嫌骗取出口退税被立案查处尚未结案的，暂按原类别管理，待案件查结后，依据查处情况调整出口企业管理类别。

（五）在税务机关完成年度管理类别评定后新增办理出口退（免）税备案的出口企业，其出口企业管理类别应确定为三类。

第十四条 负责评定出口企业管理类别的税务机关在评定出口企业的管理类别时，应根据出口企业上一年度的管理类别，按照四类、三类、二类、一类的顺序逐级晋级，原则上不得越级评定。

四类出口企业自评定之日起，12 个月内不得评定为其他管理类别。

第十五条 税务机关应提高税源管理部门、纳税服务部门、稽查部门、进出口税收管理部门之间信息共享的质量和效率，建立相应的信息通报制度，及时传递出口企业的纳税信用级别评定结果、纳税评估情况、税务稽查立案及处理情况等信息。

第四章 分类管理及服务措施

第十六条 主管税务机关可为一类出口企业提供绿色办税通道（特约服务区），优先办理出口退税，并建立重点联系制度，及时解决企业有关出口退（免）税问题。

对一类出口企业中纳税信用级别为 A 级的纳税人，按照《关于对纳税信用 A 级纳税人实施联合激励措施的合作备忘录》的规定，实施联合激励措施。

第十七条 对一类出口企业申报的出口退（免）税，税务机关经审核，同时符合下列条件的，应自受理企业申报之日起，5 个工作日内办结出口退（免）税手续：

（一）申报的电子数据与海关出口货物报关单结关信息、增值税专用发票信息比对无误。

（二）出口退（免）税额计算准确无误。

（三）不涉及税务总局和省税务局确定的预警风险信息。

（四）属于外贸企业的，出口的货物是从纳税信用级别为 A 级或 B 级的供货企业购进。

（五）属于外贸综合服务企业的，接受其提供服务的中小生产企业的纳税信用级别为 A 级或 B 级。

第十八条 对二类出口企业申报的出口退（免）税，税务机关经审核，同时符合下列条件的，应自受理企业申报之日起，10 个工作日内办结出口退（免）税手续：

（一）符合出口退（免）税相关规定。

（二）申报的电子数据与海关出口货物报关单结关信息、增值税专用发票信息比对无误。

（三）未发现审核疑点或者审核疑点已排除完毕。

第十九条 对三类出口企业申报的出口退（免）税，税务机关经审核，同时符合下列条件的，应自受理企业申报之日起，15 个工作日内办结出口退（免）税手续：

（一）符合出口退（免）税相关规定。

（二）申报的电子数据与海关出口货物报关单结关信息、增值税专用发票信息比对无误。

（三）未发现审核疑点或者审核疑点已排除完毕。

第二十条 对四类出口企业申报的出口退（免）税，税务机关应按下列规定进行审核：

（一）申报的纸质凭证、资料应与电子数据相互匹配且逻辑相符。

（二）申报的电子数据应与海关出口货物报关单结关信息、增值税专用发票信息比对无误。

(三) 对该类企业申报出口退（免）税的外购出口货物或视同自产产品，税务机关应对每户供货企业的发票，都要抽取一定的比例发函调查。

(四) 属于生产企业的，对其申报出口退（免）税的自产产品，税务机关应对其生产能力、纳税情况进行评估。

税务机关按上述要求完成审核，并排除所有审核疑点后，应自受理企业申报之日起，20 个工作日内办结出口退（免）税手续。

第二十一条 出口企业申报的出口退（免）税，税务机关发现存在下列情形之一的，应按规定予以核实，排除相关疑点后，方可办理出口退（免）税，不受本办法有关办结出口退（免）税手续时限的限制：

(一) 不符合本办法第十七条、第十八条、第十九条、第二十条规定的。

(二) 涉及海关、外汇管理局等出口监管部门提供的风险信息。

第二十二条 各省税务局应定期组织对已办理的出口退（免）税情况开展风险分析工作，发现出口企业申报的退（免）税存在骗取出口退税疑点的，应按规定进行评估、核查，发现问题的，应按规定予以处理。

第五章 附 则

第二十三条 本办法用语的含义：

“出口退（免）税企业”，指适用出口退（免）税政策的企业和其他单位，以及适用增值税零税率政策的应税服务提供者。按照出口企业适用的出口退（免）税办法和经营业态，分为生产企业、外贸企业、综服企业。

“生产企业”，指适用免抵退税办法的出口企业。

“外贸企业”，指适用免退税办法的出口企业。

“一类出口企业”“二类出口企业”“三类出口企业”“四类出口企业”，指出口退（免）税企业分类管理类别分别为一类、二类、三类、四类的出口企业。

“上一年度”，指评定出口退（免）税企业管理类别的上一个自然年度。

“外贸综合服务业务”，应同时符合以下条件：

（一）出口货物为国内生产企业自产的货物。

（二）国内生产企业已将出口货物销售给外贸综合服务企业。

（三）国内生产企业与境外单位或个人已经签订出口合同，并约定货物由综服企业出口至境外单位或个人，货款由境外单位或个人支付给外贸综合服务企业。

（四）外贸综合服务企业以自营方式出口。

（五）外贸综合服务企业申报出口退（免）税时，在《外贸企业出口退税进货明细申报表》第 15 栏（业务类型）、《外贸企业出口退税出口明细申报表》第 19 栏［退（免）税业务类型］填写“WMZHFW”。

“办结出口退（免）税手续”，指税务机关对出口企业申报的符合规定的退（免）税，开具税收收入退还书并传递至国库。

第二十四条 各省税务局可以根据本办法制定和细化具体实施办法。

第二十五条 本办法自 2016 年 9 月 1 日起施行，以出口企业申报退（免）税时间为准。

附件 1 生产型出口企业生产能力情况报告（略）

附件 2 出口退（免）税企业内部风险控制体系建设情况报告（略）

附件 3 出口退（免）税企业管理类别评定表（略）

7.2.2 国家税务总局关于调整完善外贸综合服务企业办理出口货物退（免）税有关事项的公告（国家税务总局公告 2017 年第 35 号）

为促进外贸综合服务企业规范健康发展，建立与企业发展相适应的出口退（免）税管理模式，根据《商务部 海关总署 税务总局 质检总局 外汇局关于促进外贸综合服务企业健康发展有关工作的通知》(商贸函〔2017〕759号)的精神，现将外贸综合服务企业代生产企业办理出口退（免）税事项的有关问题公告如下：

一、外贸综合服务企业（以下简称综服企业）代国内生产企业办理出口退（免）税事项同时符合下列条件的，可由综服企业向综服企业所在地主管税务机关集中代为办理出口退（免）税事项（以下称代办退税）：

（一）符合商务部等部门规定的综服企业定义并向主管税务机关备案。

（二）企业内部已建立较为完善的代办退税内部风险管控制度并已向主管税务机关备案。

二、生产企业出口货物，同时符合以下条件的，可由综服企业代办退税：

（一）出口货物为生产企业的自产货物或视同自产货物。

（二）生产企业为增值税一般纳税人并已按规定办理出口退（免）税备案。

（三）生产企业已与境外单位或个人签订出口合同。

（四）生产企业已与综服企业签订外贸综合服务合同（协议），约定由综服企业提供包括报关报检、物流、代办退税、结算等在内的综合服务，并明确相关法律责任。

（五）生产企业向主管税务机关提供代办退税的开户银行和账号（以下简称代办退税账户）。

三、生产企业应当办理委托代办退税备案。生产企业在已办理出口退（免）税备案后，首次委托综服企业代办退税前，向其所在地主管税务机关报送《代办退税情况备案表》（附件1）并提供代办退税账户，同时将与综服企业签订的外贸综合服务合同（协议）留存备查。

《代办退税情况备案表》内容发生变化时，生产企业应自发生变化之日起30日内重新报送该表。

生产企业办理撤回委托代办退税备案事项的，应在综服企业主管税务机关按规定向综服企业结清该生产企业的代办退税款后办理。

生产企业办理撤回出口退（免）税备案事项的，应按规定先办理撤回委托代办退税备案事项。

四、综服企业应当办理代办退税备案。综服企业办理出口退（免）税备案后，在为每户生产企业首次代办退税前，向其所在地主管税务机关报送《代办退税情况备案表》，同时将下列资料留存备查：

（一）与生产企业签订的外贸综合服务合同（协议）。

（二）每户委托代办退税生产企业的《代办退税情况备案表》。

（三）综服企业代办退税内部风险管控信息系统建设及应用情况。

《代办退税情况备案表》的内容发生变化时，综服企业应自发生变化之日起30日内重新报送该表。

综服企业首次办理代办退税备案时，应将企业代办退税内部风险管控制度一次性报主管税务机关。

五、综服企业主管税务机关应将综服企业报送的《代办退税情况备案表》内容与相应生产企业的《代办退税情况备案表》内容进行比对，比对相符的，应予以办理代办退税备案；比对不符的，将比对不符情况一次性告知综服企业。

六、生产企业代办退税的出口货物，应先按出口货物离岸价和增值税适用税率计算销项税额并按规定申报缴纳增值税，同时向综服企业开具备注栏内注明“代办退税专用”的增值税专用发票（以下称代办退税专用发票），作为综服企业代办退税的凭证。

出口货物离岸价以人民币以外的货币结算的，其人民币折合率可以选择销售额发生的当天或者当月1日的人民币汇率中间价。

代办退税专用发票上的“金额”栏次须按照换算成人民币金额的出口货物离岸价填写。

七、综服企业向其主管税务机关申报代办退税，应退税额按代办退税专用发票上注明的“金额”和出口货物适用的出口退税率计算。

应退税额=代办退税专用发票上注明的“金额”×出口货物适用的出口退税率

代办退税专用发票不得作为综服企业的增值税扣税凭证。

八、综服企业应参照外贸企业出口退税申报相关规定，向主管税务机关单独申报代办退税，报送《外贸综合服务企业代办退税申报表》（附件2）、代办退税专用发票（抵扣联）和其他申报资料。

九、综服企业应履行代办退税内部风险管控职责，严格审核委托代办退税的生产企业生产经营情况、生产能力及出口业务的真实性。代办退税内部风险管控职责包括：

（一）制定代办退税内部风险管控制度，包括风险控制流程、规则、管理制度等。

（二）建立代办退税风险管控信息系统，对生产企业的经营情况和生产能力进行分析，对代办退税的出口业务进行事前、事中、事后的风险识别、分析。

（三）对年度内委托代办退税税额超过100万元的生产企业，应实地核查其经营情况和生产能力，核查内容包括货物出口合同或订单、生产设备、经营场所、企业人员、会计账簿、生产能力等，对有关核查情况应有完备记录和留存相关资料。

（四）对年度内委托代办退税税额超过100万元的生产企业，应进行出口货物的贸易真实性核查。核查内容包括出口货物真实性，出口货物与报关单信息一致性，与生产企业生产能力的匹配性，有相应的物流凭证和出口收入凭证等。每户委托代办退税的生产企业核查覆盖率不应低于其代办退税业务的75%，对有关核查情况应有完备记录和留存相关资料。

各省（区、市）税务局可根据本省实际情况规定综服企业其他应履行代办退税内部风险管控职责，并对本条第（三）、（四）项规定需实地核查的生产企业代办退税税额和生产企业核查覆盖率进行调整。

十、综服企业应对履行本公告第九条职责的详细记录等信息和每笔代办退税出口业务涉及的合同（协议）、凭证等资料，规范装订、存放、保管并留存备查。

综服企业对代办退税的出口业务，应参照外贸企业自营出口业务有关备案单证的规定进行单证备案。

十一、综服企业主管税务机关应按照综服企业的出口企业管理类别审核办理其代办退税。

十二、综服企业主管税务机关应将核准通过的代办退税款退还至生产企业提供的代办退税账户，并在办结代办退税后，向综服企业反馈退还给每户生产企业的税款明细。

十三、生产企业主管税务机关应参照对供货企业出口退（免）税风险管理有关规定，加强对生产企业的风险管理工作。发现生产企业存在异常情形的，应有针对性地开展评估核查工作。

十四、代办退税的出口业务存在异常情形或者有按规定暂不办理退税情形的，综服企业主管税务机关应按下列规则处理：

（一）未办理退税的，对该出口业务暂缓办理退税。

（二）已办理退税的，按所涉及的退税额，对其已核准通过的应退代办退税税款，等额暂缓办理退税。

（三）排除相应疑点后，按排除疑点的结论，方可继续办理代办退税。

十五、代办退税的出口业务有按规定应予追回退税款情形的，由生产企业主管税务机关向生产企业进行追缴。综服企业主管税务机关应根据生产企业主管税务机关的通知，按照所涉及的退税额对该生产企业已核准通过的应退税款予以暂扣。

十六、代办退税的出口业务有按规定应予追回退税款情形，如果综服企业未能按照本公告第九条规定履行其职责，且生产企业未能按规定将税款补缴入库的，综服企业应当承担连带责任，将生产企业未能补缴入库所涉及的税款进行补缴。

十七、综服企业代办退税存在下列情形的，综服企业主管税务机关应自发现之日起 20 个工作日内，调整其出口企业管理类别：

（一）连续 12 个月内，经审核发现不予退税的代办退税税额占申报代办退税税额 5%以上的，管理类别下调一级。

（二）连续 12 个月内，经审核发现不予退税的代办退税业务涉及的生产企业户数占申报代办退税生产企业户数 3%以上的，管理类别下调一级。

（三）连续12个月内，被认定为骗取出口退税的代办退税税额占申报代办退税税额2%以上的，管理类别调整为四类。

十八、综服企业连续12个月内被认定为骗取出口退税的代办退税税额占申报代办退税税额5%以上的，36个月内不得按照本公告规定从事代办退税业务。

上述36个月，自综服企业收到税务机关书面通知书次月算起，具体日期以出口货物报关单注明的出口日期为准。

十九、代办退税的出口业务，如发生骗取出口退税等涉税违法行为的，生产企业应作为责任主体承担法律责任。综服企业非法提供银行账户、发票、证明或者其他方便，导致发生骗取出口退税的，对其应按照《中华人民共和国税收征收管理法实施细则》第九十三条的规定进行处罚。

综服企业发生参与生产企业骗取出口退税等涉税违法行为的，应依法承担相应法律责任，且36个月内不得按照本公告规定从事代办退税业务。

上述36个月，自综服企业收到税务机关行政处罚决定（或审判机关判决、裁定文书）次月算起，具体日期以出口货物报关单注明的出口日期为准。

二十、综服企业向生产企业代为办理报关、报检、物流、退税、结算等综合服务取得的收入，应按规定申报缴纳增值税。

二十一、本公告未尽事宜，按照现行出口退（免）税和增值税相关规定执行。

各省（区、市）税务局可以根据本公告规定，结合本地实际，制定具体操作办法。

二十二、本公告自2017年11月1日起施行。具体时间以出口货物报关单上注明的出口日期为准。《国家税务总局关于综服企业出口货物退（免）税有关问题的公告》（国家税务总局公告2014年第13号）同时废止。

2017年11月1日后报关出口的货物，如生产企业在2017年11月1日前已向综服企业开具增值税专用发票（除代办退税专用发票外）的，仍按照国家税务总局公告2014年第13号的规定办理出口退税。

特此公告。

附件 1　代办退税情况备案表（略）

附件 2　综服企业代办退税申报表（略）

注释：《国家税务总局关于修改部分税收规范性文件的公告》（国家税务总局公告 2018 年第 31 号）对本文进行了修改。

国家税务总局

2017 年 9 月 13 日

7.2.3　国家税务总局关于外贸综合服务企业办理出口货物退（免）税有关事项的公告（国家税务总局公告 2018 年第 25 号）

《国家税务总局关于调整完善外贸综合服务企业办理出口货物退（免）税有关事项的公告》（国家税务总局公告 2017 年第 35 号）实施以来，部分外贸综合服务企业（以下简称综服企业）反映部分老合同无法按照 35 号公告规定办理退税的问题。为解决综服企业反映的问题，促进综服企业规范健康发展，现将有关出口货物退（免）税问题明确如下：

一、综服企业在 2017 年 11 月 1 日至 2018 年 2 月 28 日期间出口的货物，符合《国家税务总局关于外贸综合服务企业出口货物退（免）税有关问题的公告》（国家税务总局公告 2014 年第 13 号）规定的，允许在 2018 年 6 月 30 日前，按照国家税务总局公告 2014 年第 13 号的规定申报办理出口退（免）税。

出口货物的出口时间，以出口货物报关单上注明的出口日期为准。

二、综服企业按照本公告第一条的规定申报出口退（免）税时，必须在《外贸企业出口退税进货明细申报表》“备注”栏、《外贸企业出口退税出口明细申报表》“备注”栏填写“WMZHFW”。否则，不得执行本公告第一条的规定。

三、本公告自发布之日起施行。

特此公告。

国家税务总局
2018 年 5 月 14 日

7.3 区域性的部分外贸综合服务政策

7.3.1 山西省商务厅等 10 部门关于印发《山西省外贸综合服务企业认定和管理办法（试行）》的通知（晋商贸〔2016〕57 号）

各市商务主管部门、财政局、金融办、人民银行各市中心支行、国税局、隶属海关、分支检验检疫、国家外汇管理局各市中心支局：

现将《山西省外贸综合服务企业认定和管理办法（试行）》印发给你们，请遵照执行。

山西省商务厅
山西省财政厅
山西省人民政府金融工作办公室
人行太原中心支行
山西省国家税务局
太原海关
山西出入境检验检疫局
保监会山西监管局
国家外汇管理局山西省分局
中信保山西分公司
2016 年 4 月 21 日

山西省外贸综合服务企业认定和管理办法（试行）

根据省商务厅、省财政厅、省金融办等 11 部门《关于促进外贸综合服务企业发展的实施意见》的要求，为促进我省外贸综合服务企业发展，加快培育外贸新兴业态，特制定本办法。

一、 外贸综合服务企业界定标准

外贸综合服务企业是指为国内中小型生产企业进出口提供物流、报关、保险、融资、收付汇、退税等服务的外贸企业。

二、 外贸综合服务试点企业及培育对象申报条件

（一）外贸综合服务试点企业须同时具备以下条件：

1. 在山西省内登记注册、具有外贸经营者资格；

2. 为国内中小微企业进出口至少提供通关、退税、融资、收付汇、保险、物流等服务环节中的 4 项，其中通关、退税为必须提供的服务；

3. 服务的中小微企业在 20 家以上；

4. 上年度进出口额在 300 万美元以上；

5. 企业及实际控制人、法人代表等相关者在海关、质监、检验检疫、纳税、退税、会计和银行信用等方面无不良记录，无违法违规行为；

6. 海关评级一般认证企业及以上，出口退（免）税分类等级一类，检验检疫信用评级 A 级及以上，外汇局分类管理 A 类；

7. 具有线上外贸综合服务平台；

8. 在人民银行征信系统中无不良记录；

9. 过去 3 年无走私、骗税、严重违反检验检疫法律法规等违法行为。

（二）外贸综合服务企业培育对象须同时具备以下条件：

1. 在山西省内登记注册、具有外贸经营者资格；

2. 为国内中小微企业进出口至少提供通关、退税、融资、收付汇、保

险、物流等服务环节中的3项，其中通关、退税为必须提供的服务；

3. 上年度进出口额在100万美元以上；

4. 企业及实际控制人、法人代表等相关者在海关、质监、检验检疫、纳税、退税、会计和银行信用等方面无不良记录，无违法违规行为；

5. 海关评级一般信用企业及以上，出口退（免）税分类等级二类及以上，检验检疫信用评级B级及以上，外汇局分类管理A类；

6. 在人民银行征信系统中无不良记录；

7. 过去3年无走私、骗税、严重违反检验检疫法律法规等违法行为。

三、 申报材料及申请程序

（一）申报材料

1. 企业申请山西省外贸综合服务试点企业或培育对象的申请报告；

2. 单位法人营业执照复印件；

3. 上年度财务审计报告；

4. 为中小微企业提供报关、报检、收付汇、退税、物流、认证、注册、人才培训、保险、融资等业务的运营流程及内容。其中报关、退税等服务必须提供相应证明材料；提供保险服务须提供具备相关资质及产品的证明材料；

5. 所服务企业清单及合同（协议）；

6. 上年度海关进出口额度证明；

7. 海关、国税、检验检疫、外汇评级的证明文件；

8. 对申请报告和所附材料真实性负责的声明；

9. 试点企业需提供线上外贸综合服务平台首页及各服务功能页网络截图；

10. 其他需要提供的材料。

所有申报材料（含复印件）均需加盖企业公章，按顺序编号用A4纸张规格装订成册，序号页需用标签纸进行分隔、标记，一式十份，并加盖骑缝章。

（二）申请程序

1. 企业应按照申报材料内容要求，将申报材料按顺序装订成册报送市级商务主管部门；

2. 市级商务主管部门对企业申报材料进行初审，征求同级相关部门意见后，连同推荐意见一并报省商务厅；

3. 省商务厅收到推荐意见和企业申报材料后，会同省财政厅等部门评定并公示后，认定为“山西省外贸综合服务试点企业”和“山西省外贸综合服务企业培育对象”。

四、 监督管理和绩效评价

（一）认定工作每年开展一次，符合以上条件的企业可向商务主管部门提出申请，省商务厅组织相关部门对申报企业进行核定，对获认定的外贸综合服务企业有效期为2年。

（二）省商务厅将会同相关部门，对获认定的外贸综合服务企业进行年度考核评估，对发展良好的继续予以相关政策支持，并进行宣传推广；对成效不显著的限期整改，经整改后仍达不到要求的取消资格；对出现违法违规行为，由联合认定部门采取“一票否决”制给予取消资格，并给予通报。

7.3.2 河南省商务厅等六部门关于印发《河南省外贸综合服务企业认定和管理办法（试行）》的通知（豫商贸发〔2018〕3号）

各省辖市、省直管县（市）、郑州航空港经济综合实验区商务局、财政局、国税局，郑州海关、河南出入境检验检疫局各分支机构，国家外汇管理局河南省各市中心支局：

为加快我省外贸综合服务企业发展，促进全省外贸转型升级和创新发展，根据《河南省政府办公厅关于加快培育外贸综合服务企业的实施意见》(豫政办〔2017〕59 号)，制定《河南省外贸综合服务企业认定和管理办法（试行）》，现印发给你们，请认真贯彻执行。

河南省商务厅
河南省财政厅
中华人民共和国郑州海关
中华人民共和国河南出入境检验检疫局
河南省国家税务局
国家外汇管理局河南省分局
2018 年 3 月 13 日

河南省外贸综合服务企业认定和管理办法（试行）

第一条 为加快我省外贸综合服务企业发展，促进全省外贸转型升级和创新发展，根据《商务部、海关总署、税务总局、质检总局、外汇局关于促进外贸综合服务企业健康发展有关工作的通知》(商贸函〔2017〕759 号)、《河南省政府办公厅关于加快培育外贸综合服务企业的实施意见》(豫政办〔2017〕59 号)，制定本办法。

第二条 现阶段，外贸综合服务企业是指具备对外贸易经营者身份，接受国内外客户委托，依法签订综合服务合同（协议)，依托综合服务信息平台，代为办理包括报关报检、物流、退税、结算、信保等在内的综合服务业务和协助办理融资业务的企业。综服企业是代理服务企业，应具备较强的进出口专业服务、互联网技术应用和大数据分析处理能力，建立较为完善的内部风险防控体系。

第三条 省商务厅、省财政厅、省国税局、郑州海关、河南出入境检验检疫局、国家外汇管理局河南省分局等部门负责河南省外贸综合服务企业的认定和管理。按照自愿申报和公开、公平、公正的原则，认定和考核河南省外贸综合服务企业。

第四条 申报省级外贸综合服务企业应具备以下条件：

（一）在河南省内登记注册，具有对外贸易经营者资格且已办理出口退（免）税备案和委托代办退税备案。

（二）具有专业化的外贸服务团队，能够为其他企业代办报关报检、物流、退税、结算、信保等综合服务业务和协办融资业务。

（三）具有较为完善的线上外贸综合服务平台，服务 30 家以上企业。

（四）企业具备较为完善的业务风险管控体系，建立规章制度，通过必要的客户审核和监督机制，实现贸易全程可溯、可控、责任可究。

（五）近 3 年内（设立未满 3 年企业自设立之日起）未发生过虚开增值税专用发票或其他增值税抵扣凭证、骗取出口退税行为、严重违反海关、检验检疫和外汇管理法律法规等行为。

第五条 申报省级外贸综合服务企业应提交以下材料：

（一）企业申请省级外贸综合服务企业的申请报告。

（二）河南省外贸综合服务企业申报表（见附件）。

（三）为其他企业提供综合服务基本情况。其中报关报检、物流、退税、结算、信保、融资等服务必须提供相应证明材料。

（四）服务企业清单及合同（协议）。

（五）对申请报告和所附材料真实性负责的声明。

第六条 省级外贸综合服务企业认定程序

（一）企业按照申报材料内容要求，如实准备申报材料、按顺序装订成册报送所在省辖市、省直管县（市）商务主管部门，所有材料（含复印件）均需加盖企业公章并经法人代表签字。省属企业可直接向省商务厅报送。

（二）省辖市、省直管县（市）、郑州航空港经济综合实验区商务主管部门对企业申报材料进行初审，同意后出具推荐意见连同企业申报材料一并报省商务厅。

（三）省商务厅收到推荐意见和申报材料后，会同省财政厅、省国税局、郑州海关、河南出入境检验检疫局、国家外汇管理局河南省分局等部门组织评定并公示后，认定为“河南省外贸综合服务企业”。

第七条 实行动态管理，省商务厅会同相关部门原则上每年组织一次认定和考核，对符合条件的新申报企业和考核合格的已认定企业予以命名，对达不到标准的取消资格。

第八条 本办法由省商务厅负责解释。

第九条 本办法自发布之日起施行，根据有关政策法规依据变化或具体实施情况适时评估修订。

附件 河南省外贸综合服务企业申报表

河南省外贸综合服务企业申报表

单位：万美元，万元人民币，%，家

<table>
<tr><td colspan="4">企业名称</td><td></td><td>设立时间</td><td></td></tr>
<tr><td colspan="4">法定代表人</td><td></td><td>组织机构代码</td><td></td></tr>
<tr><td colspan="4">企业所在地</td><td></td><td>注册资本</td><td></td></tr>
<tr><td colspan="4">企业性质（国有、私营、集体）</td><td></td><td>企业净资产</td><td></td></tr>
<tr><td colspan="4">企业海关编码</td><td></td><td>近12个月进出口额</td><td></td></tr>
<tr><td colspan="4">服务企业数量</td><td></td><td>员工人数</td><td></td></tr>
<tr><td colspan="4">联系人</td><td></td><td>联系电话</td><td></td></tr>
<tr><td colspan="7">有关部门和单位对企业的信用评级或授信情况</td></tr>
<tr><td>海关</td><td>退税</td><td>检验检疫</td><td>外汇</td><td>银行授信金额</td><td colspan="2">银行授信来源</td></tr>
<tr><td></td><td></td><td></td><td></td><td></td><td colspan="2"></td></tr>
<tr><td colspan="7">本企业为中小企业提供的服务情况简介</td></tr>
<tr><td colspan="7"></td></tr>
<tr><td colspan="7">本企业内部治理体系及业务风险管控体系建设运营情况简介</td></tr>
<tr><td colspan="7"></td></tr>
</table>

续表

本企业自建一站式线上外贸综合服务平台建设管理运行情况，包括建立时间、已实现的主要功能、平台上各类企业情况。
本企业近3年内（设立不足3年的企业自设立之日起）有无重大违法违规行为，并受到处罚或正在接受调查的情况。

填表说明：

1. 海关资质指在海关企业信用管理分类中的高级认证、一般认证、一般信用或失信企业；

2. 退税资质指在出口退（免）税企业分类管理中的一、二、三或四类；

3. 检验检疫资质指在出入境检验检疫部门企业信用等级中的AA、A、B、C或D级；

4. 外汇资质指在外汇部门贸易外汇收支企业名录中的A、B或C类。

7.3.3 天津市外贸办关于印发《天津市支持外贸综合服务企业发展行动方案》的通知（津外贸办〔2018〕7号）

各有关单位：

为深入贯彻党的十九大关于“培育贸易新业态新模式，推进贸易强国建设”精神，按照商务部等五部委关于促进综服企业健康发展具体要求，落实市委市政府关于全面建设“一基地三区”总体部署，促进和支持我市综服企业发展势头，培育外贸竞争新优势，促进我市外贸高质量持续健康发展，市商务委会同市有关单位制定了《天津市支持外贸综合服务企业发展行动方案》，现印发给你们，请遵照执行。

2018年4月11日

天津市支持外贸综合服务企业发展行动方案

近年来，我市外贸综合服务企业（以下简称综服企业）快速发展，成为助推天津外贸发展的新增长点。为深入贯彻党的十九大关于“培育贸易新业态新模式，推进贸易强国建设”精神，按照商务部等五部委关于促进综服企业健康发展具体要求，落实市委市政府关于全面建设“一基地三区”总体部署和巩固我市综服企业发展势头，培育外贸竞争新优势，促进我市外贸高质量持续健康发展，制定本行动方案。

一、 完善工作机制，确定发展目标

1. 完善工作机制。定期召开联席会议，协调解决相关问题，形成部门横向合作、市区纵向联动的工作促进机制，进一步促进综服企业发展；加强调查研究，学习兄弟省市先进经验，积极争取国家有关政策支持，努力破解综服企业发展中的难题；提升服务水平，借助广交会、中国国际进口博览会、东盟博览会、津洽会等平台，发挥相关贸易促进机构作用，组织综服企业开展多种形式交流互访活动，提供政策宣讲、业务指导、人才培训等服务；坚持每季度对综服企业运行情况进行分析和通报，落实综服企业出口数据还原办法，加强对外贸进出口运行情况调度工作。（市商务委牵头，市财政局、市市场监管委、市口岸办、市金融局、市外管局、市国税局、天津海关、天津检验检疫局、相关区商务主管部门、贸促会、中信保天津分公司配合）

2. 明确发展目标。2018 年，以推动外贸企业转变经营方式、促进外贸进出口稳定增长为目标，继续培育一批功能完善、辐射能力强的综服企业，力争综服试点企业数量超过 20 家（其中培育超亿美元综服企业 5 家），服务中小企业 5000 家左右，力争实现进出口 20 亿美元，同比增长 25%左右。（市商务委牵头，市财政局、市口岸办、市金融局、市外管局、市国税局、天津检验检疫局、相关区商务主管部门、中信保天津分公司配合）

二、 加强招优育强，壮大综服主体

3. 积极招商引进主体。面向资本实力强的行业龙头企业、大型货代企业、在天津口岸通关的大企业等，借助高端平台和峰会论坛，开展精准招商，吸引更多企业来津设立外贸综服平台，更好满足我市外贸企业转型升级需要。（市商务委、市合作交流办、市投促办牵头，相关区商务主管部门、中信保天津分公司配合）

4. 推动转型培育主体。支持传统外贸企业向综服企业转型，引导企业借助互联网技术，培育新业态，采取新模式，做大新外贸，在服务好自身的基础上，为更多中小企业提供专业化外贸综合服务。（市商务委牵头，相关区商务主管部门、中信保天津分公司配合）

5. 开拓创新做强主体。支持企业加强现代企业制度建设，探索设立退税资金池等融资模式。支持符合条件的企业上市挂牌。不断丰富外贸供应链条服务内容、服务渠道，进一步加快发展，不断增强综服企业竞争力和服务能力。（市商务委牵头，市金融局、相关区商务主管部门配合）

三、 优化运营环境，强化服务支持

6. 加强政策支持。落实《商务部海关总署国税总局质检总局外汇局关于促进外贸综合服务企业健康发展有关工作的通知》精神，明确综服企业是代理服务企业身份，界定好综服企业与服务对象之间的权利义务关系。各相关部门本着在发展中规范、在规范中发展、稳中求进、包容审慎原则，坚持问题导向，加强制度创新、管理创新和服务创新，制定出台相关支持政策，不断完善适应综服企业发展的政策框架。（市商务委牵头，市财政局、市口岸办、市金融局、市外管局、市国税局、天津海关、天津检验检疫局、相关区商务主管部门、中信保天津分公司配合）

7. 优化通关服务。推动有关管理部门信息共享、执法互认和联合监管。在海关各口岸业务现场继续实施节假日预约通关，保持12360通关咨询热线畅通，随时为综服企业解答日常进出口海关通关问题。为综服企业提供原产地证书申领、产品调查、国外退证查询等便利措施。（市口岸办牵头，天津海关、天津检验检疫局、天津贸促会配合）

8. 对接“单一窗口”。丰富和拓展国际贸易“单一窗口”应用功能，完成货物申报、舱单申报、税费支付、许可证申请、出口退税、查询统计等九项功能全覆盖。推动建立企业使用国家国际贸易“单一窗口”标准版申报容错机制。(市口岸办牵头，市商务委、天津海关、天津检验检疫局配合)

9. 优化退税服务。落实综服企业出口退（免）税管理办法，对综服企业开展的代理退税业务，可由综服企业代生产企业集中申报出口退税。建立综服企业与国税部门联系机制，对综服企业参照较高一级分类标准做好服务，优先保证出口退税指标的使用。(市国税局)

10. 优化金融服务。鼓励银行、信保和担保公司等金融机构针对综服试点企业创新融资产品、降低融资成本，推出更多的“政银保”“欣保贷”等融资产品；扩大综服企业融资授信额度；对于综服企业投保和融资中产生的保费、利息给予优惠。发挥信用保险作用，为综服企业的市场开拓、风险管理和内部控制等服务方案设计提供咨询和支持。（市金融局、市商务委牵头，市财政局、市外管局、相关区商务主管部门、中信保天津分公司、市中小外贸企业融资担保中心配合)

11. 加大财政支持。充分利用好财政外贸促进资金，继续对新认定的试点企业给予资金支持，用于企业完善线上通关、物流、退税等服务功能；对试点企业投保信用保险、开展资信调查及信保项下的贸易融资等产生的相关费用给予支持。各有关区应结合本区综服企业特点，采取相应的配套政策，支持综服企业发展。（市商务委、市财政局牵头，相关区商务主管部门配合)

12. 加强动态管理。落实天津市综服企业分类管理办法，对综服试点企业实行四类别分类管理。指导综服企业强化责任意识，加强风险管控，加强对侵权、虚假贸易的预警防范。指导综服企业诚信经营，认真配合相关部门的监管核查，对不符合条件的综服试点企业取消试点资格，不断提高综服企业服务水平。（市商务委牵头，市财政局、市市场监管委、市金融局、市外管局、市国税局、天津海关、天津检验检疫局、中信保天津分公司配合)

四、 提升综服水平，扩大外贸出口

13. 扩大本市企业出口规模。发挥综服企业优势，深入实施外贸企业“破零计划”，主动深入中小企业开展外贸业务指导、为企业提供外贸孵化、人才培训等服务。积极引导综服企业与出口破零和出口复苏企业对接，提供物流、报关、信保、融资、收汇、退税等服务，力争2018年实现出口破零和复苏的企业达到1000家。（市商务委牵头，相关区商务主管部门配合）

14. 服务腹地企业在津出口。发挥天津港口优势，延伸口岸服务功能，组织综服企业与“无水港”地区企业进行对接，为“三北”地区中小企业提供更专业便捷的外贸综合服务，为我市外贸进出口提供更多增量。（市商务委牵头，中信保天津分公司、天津港集团配合）

15. 服务线上企业出口。利用外贸新业态新模式，发挥我市信保、金融优势，依托跨境电商平台，推广线上卖家海外仓业务模式，进一步探索综服企业与跨境电商融合发展，吸引更多国内其他地区线上中小企业利用我市综服企业平台出口，扩大我市外贸新业态进出口规模。（市商务委牵头，中信保天津分公司配合）

7.3.4 广州市商务委关于印发《广州市支持商贸业发展实施办法》的通知（穗商务规字〔2017〕9号）

各区商务主管部门，各有关企业：

为贯彻落实党的十九大报告中“培育贸易新业态新模式，推进贸易强国建设”的有关精神，加快国际商贸中心建设，我委制定了《广州市支持商贸业发展实施办法》，现印发给你们，请遵照执行。

特此通知。

广州市商务委

2017年11月28日

广州市支持商贸业发展实施办法

第一章 总 则

第一条 为构建高水平开放型经济新体制，促进商务领域深化供给侧结构改革，加快培育商贸业新动能，加快国际商贸中心建设，制定本实施办法。

第二条 实施更加积极主动的开放型经济战略，以提高质量和效益为中心，以深化改革和创新驱动为动力，加快转变内外贸增长方式，逐步形成创新驱动引领、内外贸一体化、全方位对外开放的商贸业发展新格局。

第三条 鼓励创新原则。发挥广州作为国际商贸中心的引领带动作用，大力培育商贸新产业、新技术、新业态和新模式。

重点支持原则。根据商贸业发展规律、区域布局及分类特点，分阶段、有重点地进行引导支持。

服务企业原则。以商贸企业为政策落脚点，顺应商贸企业有效需求，激发市场内生动力，引导培育商贸业快速发展。

第四条 市级财政每年安排专项资金用于支持商贸业发展，培育货物贸易、服务贸易、商贸流通领域新优势，扶持融资租赁、电商物流、现代会展等新业态。

第五条 市商务委会同市财政局制定广州市商贸业发展支持具体政策并组织实施，市政府其他部门配合落实商贸相关政策。

鼓励各区人民政府结合本区实际，制定各区商贸业促进政策。

第二章 货物贸易扶持政策

第六条 鼓励重点外贸综合服务企业落户。对我市新引进的重点外贸综合服务企业给予不超过100万元的奖励。

第七条 支持加工贸易企业新设委托设计（ODM）和创建自主品牌（OBM）。对当年新设ODM或OBM的企业给予不超过10万元奖励；同时新设ODM和OBM的给予不超过20万元奖励。

第八条 促进投保出口信用保险。对我市向“一带一路”和新兴国际市场国家（地区）出口投保“短期出口信用保险”的企业，按其实际缴纳保费给予不超过10%的补助，限额50万元。对中型企业投保“新兴国际市场政治风险及附加订单风险”的，按其实际缴纳保费给予20%的补助；对小微企业投保“小微企业出口信保专项”的，按其实际缴纳保费给予20%的补助。

支持外贸转型升级示范基地提升产业行业技术水平、宣传推广和开拓国内外市场。对相关费用给予不超过50%的补助，每个项目限额100万元。

支持创建和培育自主国际品牌以及区域品牌建设。对建设区域品牌、收购国际品牌、创建和培育自主国际品牌所产生的费用，给予不超过50%补助，单个项目限额200万元。

支持保税物流业务发展。对企业开展保税物流业务给予不超过150万元的奖励。对企业开展保税物流业务进行软硬件设施建设、改造和运营投入的费用，给予不超过50%补助，单个项目限额200万元。

支持机电及科技产业外贸领域（含汽车、船舶和摩托车出口基地，以及加工贸易）的技术研发、检测认证、展示交易、信息和培训等公共服务平台建设。对项目单位在设备、技术和软件等领域的投入给予不超过50%的补助，单个项目限额50万元。

第九条 支持品牌国际化建设。对我市新认定的自主国际品牌企业给予不超过10万元奖励。

培育外贸综合服务企业。对新认定的试点企业给予不超过100万元奖励；对新认定的培育对象给予不超过50万元奖励。

第三章 服务贸易扶持政策

第十条 鼓励服务外包企业落户。对《财富》500强、国际外包专业协会（IAOP）全球外包100强、全球在华十大供应商或中国服务外包十大领军企业在广州新设立从事服务外包业务，按实缴资本给予不超过100万元奖励；对新落户广州的中国服务外包百家成长型企业，按实缴资本给予不超过50万元奖励。

第十一条 支持企业拓展服务贸易（服务外包）业务，按业务实绩给予不超过100万元的奖励。

第十二条 支持服务贸易公共平台建设。对建设费用给予不超过50%补助，单个项目限额100万元；对运营费用给予不超过50%补助，单个项目限额30万元。

支持服务出口品牌建设国际化经营活动。对开展国际认证、境外宣传推广、参加境内外服务贸易知名展会等活动实际发生费用，给予不超过50%补助，单个申报单位限额50万元补助；对为开展服务国际化经营获得金融机构提供的信用保险，给予不超过保费50%补助，单个申报单位限额10万元。

支持我市国家服务贸易创新发展试点重点项目。每个项目给予一次性不超过50万元补助。对国家扶持的服务贸易创新发展试点项目给予配套补助。

第十三条 支持服务贸易示范园区、企业和培训机构。对新认定的市服务贸易示范区给予不超过100万元奖励；对新认定的市服务贸易示范基地给予不超过50万元奖励；对年度考核评定为合格以上的示范区和示范基地，给予不超过20万元奖励。对新认定的市服务贸易示范企业（机构）给予不超过50万元奖励，对新认定的市服务贸易重点培育企业（机构）给予不超过30万元奖励。对新认定的市国际服务贸易（服务外包）人才培训机构给予不超过20万元奖励。

第四章 商贸流通扶持政策

第十四条 支持商业网点规划建设。对经济、社会效益明显的批发零售商业网点项目和功能区，给予不超过项目投资额30%的补助。当中属于服务民生、公益性强，或市重点支持的项目，给予不超过项目投资额50%

补助。单个项目限额300万元。

支持零售与生活服务业发展。对符合我市产业发展方向的零售、餐饮、老字号及民生服务类项目，给予不超过项目投资额或项目总费用30%补助，单个项目限额100万元。对新增限额以上企业每家给予一次性5万元奖励资金。对推动行业发展及宣传推广等公益性强的项目，给予不超过项目投资额或项目总费用50%补助，单个项目限额100万元。市重点支持的项目，给予不超过项目投资额或项目总费用50%补助，单个项目限额400万元。

支持商务诚信体系项目建设。给予项目总投资30%的一次性补助，限额200万元。

支持肉菜流通追溯体系项目建设。给予项目投资额一定比例的补助，限额400万元。

第五章　融资租赁扶持政策

第十五条　鼓励融资租赁企业落户广州或增资扩股。新增实缴注册资本达5亿元以上的，分档次分别给予200万元、500万元、1000万元的一次性奖励。

第十六条　支持融资租赁企业开展业务。对于符合条件的飞机、船舶租赁项目，按项目合同金额给予一次性不超过0.5‰的补助，限额50万元。对于符合条件的其他租赁项目，给予不超过项目合同金额0.5%补助，限额500万元。

第六章　电子商务与商贸物流扶持政策

第十七条　支持电子商务与商贸物流企业项目建设。对成效显著的项目给予不超过总投资额30%补助。对通过金融机构借款筹集建设资金的项目，给予不超过两年实际产生利息额30%以内的贴息，单个项目限额300万元。

第十八条　支持电子商务示范企业发展。对经认定的市电子商务示范企业，给予一次性 200 万元奖励。

支持电子商务企业上市发展。在境内外证券市场新上市的，给予一次性 300 万元奖励；对进入全国中小企业股份转让系统和广州股权交易中心挂牌交易，以及在交易所市场和银行间市场新发行债券的，结合市有关金融政策，分别给予不同额度的一次性奖励。

第七章　现代会展扶持政策

第十九条　鼓励各类展会落户我市。对展览面积在 6000 平方米（含）以上、属于我市鼓励发展产业并承诺在广州连续举办 3 年（含）以上的新办展，分档次分别给予 20 万元、50 万元、80 万元、100 万元的一次性奖励。世界商展 100 强展览项目、国内展览面积 100 强展览项目，奖励金额可分别上浮 200% 、100%。

支持在我市举办国际会议和行业会议。对符合条件的国际会议，给予实际场租 80%的奖励，每年单个项目限额 80 万元。对符合条件的行业会议，给予实际场租 50%的奖励，每年单个项目限额 50 万元。

第二十条　支持数字会展项目。对依托我市实体展会开发运营应用、功能完备的数字会展项目，给予每届 20 万元奖励，不超过三年（届）。

支持会展搭建企业发展。对在我市专业展馆年服务特装展览面积 5000 平方米（含）以上、公司展览服务业务年营业收入 1500 万元（含）以上、符合当年度资金评审条件的会展搭建企业，分档次分别给予 15 万元、30 万元的奖励。

支持境外展览项目。对我市企业在境外举办、属于我市鼓励发展产业的、参展的广州企业在 20 家以上、展览面积在 2000 平方米（含）以上的展览项目，分档次分别给予 20 万元、30 万元的奖励。对获得国际展览业协会（UFI）认证的我市展览机构和项目，给予一次性奖励，每家展览机构 20 万元，每个展览项目 15 万元。

第二十一条　支持展览项目发展。对比上年（届）面积增长 20%

(含)以上、现有展览面积在6000平方米（含）以上的展览，按展览期不超过5天的新增面积实际场租的一定比例给予补助。每年（届）单个项目限额100万元。

支持专业展馆改造提升。按不超过贷款额利息的50%给予贴息，每年限额300万元，不超过两年。

支持会展业开拓国际市场。对有利于我市会展业发展的开拓国际市场展会项目，给予企业实际展位费50%~80%补助。

第八章　附　则

第二十二条　本办法由广州市商务委、广州市财政局负责解释。涉及具体政策的实施按照有关资金管理办法和实施细则执行，各支持项目根据每年预算和商贸发展的实际可以适当调整。

第二十三条　本办法自发布之日起施行，有效期3年。有关法律法规、政策依据变化调整的，根据实施情况依法评估修订。

7.4 海关认证企业标准

7.4.1 海关认证企业标准（高级认证—通用标准）

认证标准			达标情况			
一、内部控制标准			达标 0	基本达标 -1	不达标 -2	不适用 -
（一）组织机构控制	1. 海关业务培训	（1）建立海关法律法规等相关规定的内部培训制度并有效落实。				
		（2）法定代表人（负责人）、负责关务的高级管理人员、关务负责人、负责贸易安全的高级管理人员应当每年参加2次以上海关法律法规等相关规定的内部培训，及时了解、掌握相关管理规定。				
	2. 内部组织架构	（1）进出口业务、财务、贸易安全、内部审计等部门（岗位）职责分工明确并有效落实。				
		（2）指定高级管理人员负责关务。				

续表1

认证标准			达标情况			
一、内部控制标准			达标 0	基本达标 −1	不达标 −2	不适用 −
（二）进出口业务控制	3. 单证控制	建立进出口单证复核或者纠错制度并有效落实。				
	4. 单证保管	（1）建立符合海关要求的进出口单证管理制度，确保归档信息的及时性、完整性、准确性与安全性。				
		（2）建立符合海关要求的特殊物品安全管理制度并按照规定留存特殊物品生产、使用、销售记录。				
		（3）建立符合海关要求的货物技术标准规范保管制度。				
		（4）妥善管理报关专用印章、海关核发的证书、法律文书等单证。				
		（5）建立企业认证的书面或者电子资料的专门档案。				
	5. 进出口活动	建立进出口活动的流程管理制度。				

续表2

认证标准			达标情况			
一、内部控制标准			达标 0	基本达标 -1	不达标 -2	不适用 -
（三）内部审计控制	6. 内审制度	（1）建立对进出口活动的内部审计制度并有效落实。				
		（2）每年实施1次以上的内部审计并建立书面或者电子资料的档案。				
		（3）已成为高级认证企业的，应当每年对持续符合海关高级认证企业标准实施内部审计。				
	7. 质量管理	建立对应的食品、化妆品、动植物及产品、工业品等法检商品质量安全管控制度，并有效落实。				
	8. 改进机制	（1）建立对进出口活动中已发现问题的改进机制和违法行为的责任追究机制并有效落实。				
		（2）对海关要求的改正或者规范改进等事项，应当由法定代表人（负责人）或者负责关务的高级管理人员组织实施。				
（四）信息系统控制	9. 信息系统	具有管理企业生产经营活动的信息化系统。				
	10. 数据管理	建立信息系统的数据管理制度，数据存储3年以上。				
	11. 信息安全	（1）建立信息安全管理制度并有效落实。				
		（2）对员工进行信息安全相关的培训。				
		（3）对违反信息安全管理制度造成损害的行为应当予以责任追究。				

续表 3

认证标准			达标情况		
二、财务状况标准			达标 0	基本达标-1	不达标-2
（五）财务状况	12. 会计信息	企业申请认证的，提交当年度会计师事务所审计报告，审计报告所反映的企业财务状况真实、完整、规范、合法；重新认证的，企业自成为高级认证企业起每年接受会计师事务所审计，审计报告所反映的企业财务状况真实、完整、规范、合法。			
	13. 综合财务状况	企业在偿付、盈利、缴税能力方面整体状况良好，综合速动比率、现金流动负债比率、资产负债率、营业利润率、净资产收益率等财务状况在安全或者正常范围内。			
三、守法规范标准			达标 0	不达标-2	不适用-
（六）遵守法律法规	14. 人员守法	企业相关人员 2 年内未因故意犯罪受过刑事处罚。			
	15. 企业守法	1 年内被海关列入信用信息异常企业名录次数不超过 1 次，且不超过 30 日。			
（七）进出口业务规范	16. 注册信息	在海关的注册登记或者备案信息与实际相符。			
	17. 进出口记录	2 年内有进出口活动或者为进出口活动提供相关服务。			
	18. 申报规范	见单项标准。			
	19. 传输规范	见单项标准。			
	20. 税款缴纳	（1）认证期间，没有超过法定缴款期限尚未缴纳税款及罚没款项的情形。			
		（2）上年度以及本年度 1 月至上月滞纳税款报关单率不超过 3%。			

续表 4

认证标准			达标情况		
三、守法规范标准			达标 0	不达标-2	不适用-
（八）海关管理要求	21. 管理要求	（1）2 年内无海关责令限期改正，但逾期不改正的情形。			
		（2）2 年内无向海关提供虚假情况或者隐瞒事实的情形。			
		（3）2 年内无由海关要求承担技术处理、退运、销毁等义务，但逾期不履行的情形。			
		（4）2 年内无明知其产品存在风险未主动向海关报告相关信息，或者存在瞒报、漏报的情形。			
		（5）2 年内无拒绝、拖延向海关提供账簿、单证或海关归类、价格、原产地、减免税核查所需资料等有关材料的情形。			
		（6）2 年内无转移、隐匿、篡改、毁弃报关单证、进出口单证、合同、与进出口业务直接有关的其他资料的情形。			
		（7）2 年内无拒不配合海关执法的情形。			
		（8）2 年内无未按海关要求办理保金保函的延期、退转手续的情形。			
		（9）2 年内无向海关人员行贿的行为。			
		（10）属于中国外贸出口先导指数样本企业的，1 年内填报问卷及时率在 90%以上、问卷答案与出口增速的吻合度在 0.3 以上的；属于进口货物使用去向调查样本企业、其他统计专项调查样本企业的，1 年内填报问卷及时率和复核准确率在 90%以上。			
		（11）2 年内无未按规定向海关报告减免税货物使用状况的情形。			

续表 5

认证标准			达标情况			
三、守法规范标准			达标 0	不达标-2	不适用-	
（九）外部信用	22. 外部信用	企业和企业相关人员 2 年内均未被列入国家失信联合惩戒名单。				
四、贸易安全标准			达标 0	基本达标 -1	不达标 -2	不适用 -
（十）场所安全控制措施	23. 场所安全	（1）建立企业经营场所安全的管理制度并有效落实。				
		（2）企业经营场所应当具有相应设施防止未载明货物和未经许可人员进入。				
（十一）进入安全控制措施	24. 进入安全	（1）建立人员和车辆出入管理制度并有效落实。				
		（2）对企业员工进行身份识别和出入权限控制，限制未经授权员工进入敏感区域，对员工身份标识的发放和回收进行统一管理。员工的车辆进入企业应当停放在指定区域。				
		（3）实行访客登记管理，登记时必须检查带有照片的身份证件。访客进入企业应当佩戴临时身份标识，进入企业重点敏感区域应当有企业内部人员陪同。访客的车辆进入企业应当登记并停放在指定区域。				
		（4）对未经许可进入、身份不明的人员能够识别并加以处置。				

续表 6

认证标准			达标情况			
四、贸易安全标准			**达标** 0	**基本达标** −1	**不达标** −2	**不适用** −
（十二）人员安全控制措施	25. 人员安全	（1）建立员工入职、离职停职等管理制度并有效执行。				
		（2）实行员工档案管理，具有动态的员工清单。				
		（3）聘用员工前，核实应聘人员的身份、就业经历等信息，对拟聘用人员进行违法记录调查。				
		（4）对离职停职员工及时收回工作证件、设备，并禁止其进入企业经营场所及使用企业信息系统。				
（十三）商业伙伴安全控制措施	26. 商业伙伴安全	建立评估、检查商业伙伴供应链安全的管理制度并有效落实。				
（十四）货物安全控制措施	27. 货物、物品安全	建立保证进出口货物、进出境物品在运输、装卸和存储过程中的完整性、安全性的管理制度并有效落实。				
（十五）集装箱安全控制措施	28. 集装箱安全	建立保证集装箱完整性、安全性的管理制度并有效落实。				
（十六）运输工具安全控制措施	29. 运输工具安全	建立保证运输工具的完整性、安全性的管理制度并有效落实。				

续表 7

认证标准			达标情况			
四、贸易安全标准			达标 0	基本达标 −1	不达标 −2	不适用 −
（十七）危机管理控制措施	30. 危机管理	（1）建立应对灾害、紧急情况的应急预案。				
		（2）对发生的灾害或者紧急情况进行应急处置，降低上述情形对企业进出口活动的影响。				
		（3）发生的灾害或者紧急情况涉及海关业务的，应当及时向海关报告。				
	31. 安全培训	（1）建立贸易安全的内部培训机制并有效落实。				
		（2）定期对员工进行与国际贸易供应链中货物流动相关风险的教育和培训，让员工了解、掌握海关认证企业在保证货物安全过程中应做的工作。				
		（3）定期对员工进行危机管理的培训和危机处理模拟演练，让员工了解、掌握在应急处置和异常报告过程中应做的工作。				

7.4.2 海关认证企业标准（一般认证—通用标准）

认证标准			达标情况			
一、内部控制标准			达标 0	基本达标 −1	不达标 −2	不适用 –
（一）组织机构控制	1. 海关业务培训	（1）建立海关法律法规等相关规定的内部培训制度并有效落实。				
		（2）法定代表人（负责人）、负责关务的高级管理人员、关务负责人、负责贸易安全的高级管理人员应当每年参加1次以上海关法律法规等相关规定的内部培训，及时了解、掌握相关管理规定。				
	2. 内部组织架构	指定高级管理人员负责关务。				
（二）进出口业务控制	3. 单证控制	建立进出口单证复核或者纠错制度并有效落实。				
	4. 单证保管	（1）建立符合海关要求的进出口单证管理制度，确保归档信息的及时性、完整性、准确性与安全性。				
		（2）建立符合海关要求的特殊物品安全管理制度并按照规定留存特殊物品生产、使用、销售记录。				
		（3）建立符合海关要求的货物技术标准规范保管制度。				
		（4）妥善管理报关专用印章、海关核发的证书、法律文书等单证。				
		（5）建立企业认证的书面或者电子资料的专门档案。				

续表1

认证标准			达标情况			
一、内部控制标准			达标 0	基本达标 −1	不达标 −2	不适用 −
（三）内部审计控制	5. 内审制度	（1）建立对进出口活动的内部审计制度并有效落实。				
		（2）每年实施1次以上的内部审计并建立书面或者电子资料的档案。				
		（3）已成为一般认证企业的，应当每年对持续符合海关一般认证企业标准实施内部审计。				
	6. 质量管理	建立对应的食品、化妆品、动植物及产品、工业品等法检商品质量安全管控制度，并有效落实。				
	7. 改进机制	（1）建立对进出口活动中已发现问题的改进机制和违法行为的责任追究机制并有效落实。				
		（2）对海关要求的改正或者规范改进等事项，应当由法定代表人（负责人）或者负责关务的高级管理人员组织实施。				
（四）信息系统控制	8. 信息系统	具有管理企业生产经营活动的信息化系统。				
	9. 数据管理	建立信息系统的数据管理制度，数据存储3年以上。				
	10. 信息安全	（1）建立信息安全管理制度并有效落实。				
		（2）对员工进行信息安全相关的培训。				
		（3）对违反信息安全管理制度造成损害的行为应当予以责任追究。				

续表 2

认证标准			达标情况		
二、财务状况标准			达标 0	基本达标-1	不达标-2
（五）财务状况	11. 会计信息	企业申请认证的，提交当年度会计师事务所审计报告，审计报告所反映的企业财务状况真实、完整、规范、合法；重新认证的，企业自成为一般认证企业起每年接受会计师事务所审计，审计报告所反映的企业财务状况真实、完整、规范、合法。			
	12. 综合财务状况	企业在偿付、盈利、缴税能力方面整体状况良好，综合速动比率、现金流动负债比率、资产负债率、营业利润率、净资产收益率等财务状况在安全或者正常范围内。			
三、守法规范标准			达标 0	不达标-2	不适用-
（六）遵守法律法规	13. 人员守法	企业相关人员 1 年内未因故意犯罪受过刑事处罚。			
	14. 企业守法	1 年内被海关列入信用信息异常企业名录次数不超过 1 次，且不超过 30 日。			
（七）进出口业务规范	15. 注册信息	在海关的注册登记或者备案信息与实际相符。			
	16. 进出口记录	2 年内有进出口活动或者为进出口活动提供相关服务。			
	17. 申报规范	见单项标准。			
	18. 传输规范	见单项标准。			
	19. 税款缴纳	（1）认证期间，没有超过法定缴款期限尚未缴纳税款及罚没款项的情形。			
		（2）上年度以及本年度 1 月至上月滞纳税款报关单率不超过 5%。			

续表 3

认证标准			达标情况		
三、守法规范标准			达标 0	不达标-2	不适用-
（八）海关管理要求	20. 管理要求	（1）1 年内无海关责令限期改正，但逾期不改正的情形。			
		（2）1 年内无向海关提供虚假情况或者隐瞒事实的情形。			
		（3）1 年内无由海关要求承担技术处理、退运、销毁等义务，但逾期不履行的情形。			
		（4）1 年内无明知其产品存在风险未主动向海关报告相关信息，或者存在瞒报、漏报的情形。			
		（5）1 年内无拒绝、拖延向海关提供账簿、单证或海关归类、价格、原产地、减免税核查所需资料等有关材料的情形。			
		（6）1 年内无转移、隐匿、篡改、毁弃报关单证、进出口单证、合同、与进出口业务直接有关的其他资料的情形。			
		（7）1 年内无拒不配合海关执法的情形。			
		（8）1 年内无未按海关要求办理保金保函的延期、退转手续的情形。			
		（9）1 年内无向海关人员行贿的行为。			
		（10）属于中国外贸出口先导指数样本企业的，1 年内填报问卷及时率在 90%以上、问卷答案与出口增速的吻合度在 0.3 以上的；属于进口货物使用去向调查样本企业、其他统计专项调查样本企业的，1 年内填报问卷及时率和复核准确率在 90%以上。			
		（11）1 年内无未按规定向海关报告减免税货物使用状况的情形。			

续表 4

认证标准			达标情况			
三、守法规范标准			达标 0	不达标-2	不适用-	
(九) 外部信用	21. 外部信用	企业和企业相关人员 1 年内均未被列入国家失信联合惩戒名单。				
四、贸易安全标准			达标 0	基本达标 -1	不达标 -2	不适用 -
(十) 场所安全控制措施	22. 场所安全	(1) 建立企业经营场所安全的管理制度并有效落实。				
		(2) 企业经营场所应当具有相应设施防止未载明货物和未经许可人员进入。				
(十一) 进入安全控制措施	23. 进入安全	(1) 建立人员和车辆出入管理制度并有效落实。				
		(2) 对企业员工进行身份识别和出入权限控制，限制未经授权员工进入敏感区域，对员工的身份标识发放和回收进行统一管理。员工的车辆进入企业应当停放在指定区域。				
		(3) 实行访客登记管理，登记时必须检查带有照片的身份证件。访客进入企业应当佩戴临时身份标识，进入企业重点敏感区域应当有企业内部人员陪同。访客的车辆进入企业应当登记并停放在指定区域。				

续表5

认证标准			达标情况			
四、贸易安全标准			达标 0	基本达标 −1	不达标 −2	不适用 –
（十二）人员安全控制措施	24. 人员安全	（1）建立员工入职、离职停职等管理制度并有效执行。				
		（2）实行员工档案管理，具有动态的员工清单。				
		（3）聘用员工前，核实应聘人员的身份、就业经历等信息，对拟聘用人员进行违法记录调查。				
		（4）对离职停职员工及时收回工作证件、设备，并禁止其进入企业经营场所及使用企业信息系统。				
（十三）商业伙伴安全控制措施	25. 商业伙伴安全	建立评估、检查商业伙伴供应链安全的管理制度并有效落实。				
（十四）货物安全控制措施	26. 货物、物品安全	建立保证进出口货物、进出境物品在运输、装卸和存储过程中的完整性、安全性的管理制度并有效落实。				
（十五）集装箱安全控制措施	27. 集装箱安全	建立保证集装箱完整性、安全性的管理制度并有效落实。				

续表 6

认证标准			达标情况			
四、贸易安全标准			达标 0	基本达标 −1	不达标 −2	不适用 −
（十六）运输工具安全控制措施	28. 运输工具安全	建立保证运输工具的完整性、安全性的管理制度并有效落实。				
（十七）危机管理控制措施	29. 危机管理	（1）建立应对灾害、紧急情况的应急预案。				
		（2）定期对员工进行与国际贸易供应链中货物流动相关风险的教育和培训，让员工了解、掌握海关认证企业在保证货物安全过程中应做的工作。				
		（3）定期对员工进行危机管理的培训和危机处理模拟演练，让员工了解、掌握在应急处置和异常报告过程中应做的工作。				

7.4.3 海关认证企业标准（高级认证—外贸综合服务企业）

认证标准			达标情况			
一、内部控制标准			达标 0	基本达标 −1	不达标 −2	不适用 −
（一） 组织机构控制	1. 海关业务培训	建立面向外贸综合服务平台客户的海关法律法规等相关规定的培训制度并有效落实，建立培训效果评估机制。				
	2. 内部组织架构	设置专门业务风险管理部门，重点围绕合作伙伴内部控制、守法规范、贸易安全等开展风险评估与日常监控，部门职责分工明确并有效落实。				
（二） 进出口业务控制	3. 单证控制	（1）设置专门部门或岗位人员，对外贸综合服务平台客户订单对应的进出口货物以及生产工厂信息、知识产权授权或合法渠道进货证明和客户提供的监管证件、商业单据、进出口单证等资料的真实性、完整性和有效性进行合理审查。				
		（2）在申报前或者委托申报前通过外贸综合服务平台对报关单进行申报要素的逻辑检验，利用外贸综合服务平台运营所积累的数据进行商品价格、归类等税收要素和产品质量监控。				
	4. 单证保管	（1）按照及时性、完整性、准确性与安全性等海关要求保存进出口报关单证和装箱单、提单、监装过程视频等物流单据和信息。				
		（2）与外贸综合服务平台客户签订的综合服务合同（协议）等进出口业务涉及的资料。				
		（3）办理退税申报业务的，妥善保管企业办理出口退税的资料。				

续表1

认证标准			达标情况			
一、内部控制标准			达标 0	基本达标 -1	不达标 -2	不适用 -
(二) 进出口业务控制	5. 信息系统	(1) 具备真实、准确、完整并有效控制企业经营活动的信息系统和外贸综合服务信息平台，特别是财务控制、关务、物流控制、风险控制等功能模块有效运行，实现与海关联网。				
		(2) 为外贸综合服务平台客户提供报关、物流、退税、结算、信保等在内的综合服务业务实现平台线上操作。				
		(3) 风险控制功能模块具备对企业外贸综合服务全流程进行风险识别、分析、处置的功能。				
		(4) 外贸综合服务平台可以实现对货物物流的追踪监控，具备与海关即时对接的条件，定期验核贸易数据。				
		(5) 外贸综合服务平台应包括知识产权库、价格数据库、历史交易库和客户(买卖）信息库等后台的风险数据库。				
(三) 信息系统控制	6. 数据管理	(1) 信息系统和外贸综合服务信息平台的数据及时、准确、完整、规范。信息系统和外贸综合服务信息平台数据保存3年以上。				
		(2) 外贸综合服务活动在外贸综合服务平台上能够实现流程检索、跟踪。				

续表 2

认证标准			达标情况			
二、贸易安全标准			达标 0	基本达标 -1	不达标 -2	不适用 -
（四）商业伙伴安全控制	7. 商业伙伴安全	（1）建立平台客户的资质准入制度并有效落实。				
		（2）通过实地考核的方式对客户的生产能力、贸易真实性、进出口和产能是否匹配等情况进行核查。				
		（3）根据风险评估结果、违法记录等建立外贸综合服务平台客户分级管理制度，对有违法记录的外贸综合服务平台客户进行责任回溯，不得代理被列入联合惩戒对象的企业办理进出口业务。				
		（4）对进出口货物品类进行限制，公开审查标准。				
		（5）与外贸综合服务平台客户签订规范的外贸综合服务合同（协议），在合同、协议或者其他书面资料中要求外贸综合服务平台客户按照海关认证标准优化和完善贸易安全管理。				
		（6）对年度进出口值较大、违法记录较多以及风险较高的外贸综合服务平台客户进行定期监控和通过实地考核的方式对外贸综合服务平台客户进行重新核查。				

续表 3

认证标准			达标情况			
二、贸易安全标准			达标 0	基本达标 -1	不达标 -2	不适用 -
(五)货物安全控制	8. 货物、物品安全	(1) 建立对订单装运的货物、物品真实性进行核查的制度并有效落实。对单笔交易额度较大的订单进行跟踪验货和现场监装，对交易额度小但交易频繁、总额较大的客户进行抽样查验且派人监督。对小额订单要求提供包含有产品包装、堆放、装运过程和运输车辆信息等的现场照片或视频。				
		(2) 装运出口货物、出境物品要视频监控并保存视频监控记录 3 个月；派员实地监装比例不低于 10%。发现有违法嫌疑或者高风险的货物，及时采取合理的处置措施，并向海关报告。				

7.4.4 海关认证企业标准（一般认证—外贸综合服务企业）

认证标准			达标情况			
一、内部控制标准			达标 0	基本达标 -1	不达标 -2	不适用 -
（一）组织机构控制	1. 海关业务培训	建立面向外贸综合服务平台客户的海关法律法规等相关规定的培训制度并有效落实。				
	2. 内部组织架构	设置专门业务风险管理部门，部门职责分工明确并有效落实。				
（二）进出口业务控制	3. 单证控制	设置专门部门或岗位人员，对外贸综合服务平台客户订单对应的进出口货物以及生产工厂信息、知识产权授权或合法渠道进货证明和客户提供的监管证件、商业单据、进出口单证等资料的真实性、完整性和有效性进行合理审查。				
	4. 单证保管	（1）按照及时性、完整性、准确性与安全性等海关要求保存进出口报关单证和装箱单、提单、监装过程照片等物流单据和信息。				
		（2）与外贸综合服务平台客户签订的综合服务合同（协议）等进出口业务涉及的资料。				
		（3）办理退税申报业务的，妥善保管企业办理出口退税的资料。				
	5. 信息系统	（1）具备真实、准确、完整并有效控制企业经营活动的信息系统和外贸综合服务信息平台，特别是财务控制、关务、物流控制、风险控制等功能模块有效运行。				
		（2）为外贸综合服务平台客户提供报关、物流、退税、结算、信保等在内的综合服务业务实现平台线上操作。				

续表

认证标准			达标情况			
一、内部控制标准			达标 0	基本达标 −1	不达标 −2	不适用 −
(三)信息系统控制	6. 数据管理	(1) 信息系统和外贸综合服务信息平台的数据及时、准确、完整、规范。信息系统和外贸综合服务信息平台数据保存3年以上。				
		(2) 外贸综合服务活动在外贸综合服务平台上能够实现流程检索、跟踪。				
二、贸易安全标准			达标 0	基本达标 −1	不达标 −2	不适用 −
(四)商业伙伴安全控制	7. 商业伙伴安全	与外贸综合服务平台客户签订规范的外贸综合服务合同（协议），在合同、协议或者其他书面资料中要求外贸综合服务平台客户和其他商业合作伙伴按照海关认证标准优化和完善贸易安全管理。				
(五)货物安全控制	8. 货物、物品安全	(1) 建立对订单装运的货物、物品真实性进行核查的制度并有效落实。对单笔交易额度较大的订单进行跟踪验货和现场监装，对交易额度小但交易频繁、总额较大的客户进行抽样查验且派人监督。				
		(2) 发现有违法嫌疑或者高风险的货物、物品，及时采取合理的处置措施，并向海关报告。				